NOVOS HORIZONTES DO BRASIL
NA QUARTA TRANSFORMAÇÃO ESTRUTURAL

Universidade Estadual de Campinas

Reitor
Antonio José de Almeida Meirelles

Coordenadora Geral da Universidade
Maria Luiza Moretti

Conselho Editorial

Presidente
Edwiges Maria Morato

Alexandre da Silva Simões – Carlos Raul Etulain
Cicero Romão Resende de Araujo – Dirce Djanira Pacheco e Zan
Iara Beleli – Iara Lis Schiavinatto – Marco Aurélio Cremasco
Pedro Cunha de Holanda – Sávio Machado Cavalcante

MARCIO POCHMANN

Novos horizontes do Brasil na quarta transformação estrutural

FICHA CATALOGRÁFICA ELABORADA PELO
SISTEMA DE BIBLIOTECAS DA UNICAMP
DIRETORIA DE TRATAMENTO DA INFORMAÇÃO
BIBLIOTECÁRIA: MARIA LÚCIA NERY DUTRA DE CASTRO – CRB-8ª / 1724

P75n   Pochmann, Marcio
           Novos horizontes do Brasil na quarta transformação estrutural / Marcio Pochmann. – Campinas, SP : Editora da Unicamp, 2022.

           1. Economia – Brasil. 2. Economia – História – Sec. XIX. 3. Inovações tecnológicas – Brasil. I. Título.

                                                   CDD – 330.981
                                                         – 330.9
ISBN 978-85-268-1563-6   – 337.10981

Copyright © Marcio Pochmann
Copyright © 2022 by Editora da Unicamp

As opiniões, hipóteses, conclusões e recomendações expressas neste livro são de responsabilidade do autor e não necessariamente refletem a visão da Editora da Unicamp.

Direitos reservados e protegidos pela lei 9.610 de 19.2.1998.
É proibida a reprodução total ou parcial sem autorização, por escrito, dos detentores dos direitos.

Impresso no Brasil.
Foi feito o depósito legal.

Direitos reservados à

Editora da Unicamp
Rua Sérgio Buarque de Holanda, 421 – 3º andar
Campus Unicamp
CEP 13083-859 – Campinas – SP – Brasil
Tel.: (19) 3521-7718 / 7728
www.editoraunicamp.com.br – vendas@editora.unicamp.br

*A história é a versão dos eventos passados
sobre os quais as pessoas decidiram concordar.*
Napoleão Bonaparte

*Tudo o que é fixo é ilusão.
Nada é permanente, exceto a mudança.
Não se pode entrar duas vezes no mesmo rio.*
Heráclito de Éfeso

*O futuro, tal como o passado, atrai os homens de hoje,
que procuram as suas raízes e a sua identidade.*
Jacques Le Goff

*Sob o aspecto social, racial, regional e cultural, entre
outros, continua em aberto a questão nacional. Em
perspectiva ampla, a história do Brasil pode ser vista como
a de uma nação em processo, à procura da sua fisionomia.
É como se estivesse espalhada no espaço, dispersa no
tempo, buscando conformar-se ao nome, encontrar-se com
a própria imagem, transformar-se em conceito.*
Octavio Ianni

*Compreender não é reconhecer um sentido invariante,
mas apreender a singularidade de uma forma que só
existe num contexto particular.*
Pierre Bourdieu

SÉRIE
DISCUTINDO O BRASIL E O MUNDO

Esta Série pretende alinhavar, por meio de um conjunto de obras nacionais e traduzidas, discussões recentes em torno da crise da democracia no Brasil e os impactos da ascensão do fascismo no mundo, cujo centenário se rememora em 2022. As obras versam sobre o avanço da direita autoritária, a crise do neoliberalismo e os rumos do capitalismo na era digital, o conflito na Ucrânia e o embaralhamento da política internacional.

Produtos de reflexões e pesquisas rigorosas e abrangentes, os títulos reunidos procuram, por meio de uma linguagem acessível, contribuir com a revitalização do debate em torno de temas de grande interesse contemporâneo e de alternativas que se colocam no âmbito das políticas públicas, sociais e educacionais.

Com a Série Discutindo o Brasil e o Mundo, a Editora da Unicamp, no ano em que celebra seus 40 anos, reafirma seu compromisso com a dinamização da agenda científica, política e cultural do século XXI, cujos desafios passam pelo aumento da circulação do conhecimento e da informação qualificada, contribuindo, assim, com o debate sobre os rumos do Brasil e do mundo a partir da análise de situações políticas e socioculturais concretas.

SUMÁRIO

Apresentação: Cegos no labirinto do país em transformação 11

1. Processos de transformação no Brasil 15
   A constituição do "povo da mercadoria" e o fim do mundo ameríndio 22
   As especificidades das grandes transformações estruturais no Brasil pós-colonial 32
   Considerações finais 38

2. Fundação da nação 43
   Contexto externo da mudança de época no Brasil 46
   Herança colonial na formação nacional 50
   Sentido da fundação da nação 56
   Considerações finais 65

3. Capitalismo periférico 69
   Panorama internacional do capitalismo entre os séculos XIX e XX 75
   Gradual e longeva internalização do Brasil na periferia do capitalismo mundial 81
   Singularidades da sociedade de classes no capitalismo nascente 86
   Considerações finais 92

4. Sociedade urbana e industrial 97
   Reconfiguração do centro dinâmico e reposicionamento do Brasil 102
   Modernização capitalista conservadora na sociedade urbana e industrial 109
   Limites da cidadania regulada pelo trabalho assalariado 115
   Considerações finais 121

5. Era digital 127
   Cenário global no primeiro quarto do século XXI 131
   Emergência dos novos sujeitos em face da ruína da sociedade industrial 138
   Inédita frente de fontes da riqueza sustentável 145
   Considerações finais 149

Referências bibliográficas 157

APRESENTAÇÃO

CEGOS NO LABIRINTO DO PAÍS EM TRANSFORMAÇÃO

A história da presença humana no território denominado Brasil nos últimos dois séculos tem sido acompanhada por acontecimentos, informações, registros, dados e interpretações que possibilitam avançar cada vez mais na compreensão de sua trajetória pregressa. O recorrente aprendizado gerado por diversas contribuições pertencentes a distintas áreas do conhecimento permite que a história seja constantemente consultada, oferecendo a construção de novos saberes e abordagens acerca do passado e de suas heranças no presente, bem como de suas consequências nos destinos da nação.

Isso parece ser inegável, sobretudo nos momentos de mudança de época histórica, como o atualmente em curso no Brasil. Ao ser movido por grandes transformações estruturais, o sentido que dá rumo ao presente sofre alterações substanciais, nem sempre percebidas em sua totalidade pelas diferentes gerações que vivem a época em transformação.

Nesse sentido, o novo tempo seria, muitas vezes, o desconhecido; a descontinuidade a diferenciar-se da linearidade do presente a reproduzir a continuidade do passado.

Em síntese, o reconhecimento de que a transformação estrutural se materializa na efetivação do horizonte de expectativas, pois é capaz de mover a sociedade ou parte dela do cotidiano presente e das memórias acumuladas das experiências passadas.

Ao contrário da visão difundida no Brasil, cujo presente seria uma espécie de reprodução do passado sem rupturas, uma espécie de linearidades repetitivas de acontecimentos, este livro desenvolve outra perspectiva de abordagem, partindo do entendimento de que a trajetória do Brasil pós-colonial deve ser compreendida a partir das grandes mudanças culturais, políticas, econômicas e sociais de um povo em formação e em busca de sua própria dignidade.

APRESENTAÇÃO

As preocupações com o horizonte de expectativas atualmente abertas a um país prisioneiro das emergências do curtoprazismo condicionam a revisitação do passado relevante acerca de suas principais rupturas históricas. Ao seguir confinada no seu presentismo, como cegos no labirinto, a nação se desconecta do seu passado, afastando-se da necessária disputa do sentido geral imposto pela quarta grande transformação estrutural no Brasil pós-colonial.

Por isso, a proposta deste livro se constitui num olhar renovado que atualize a compreensão do tempo histórico das grandes transformações estruturais ocorridas no Brasil. Assim, as questões do presente, movidas atualmente pela globalização, apresentam o limite de possibilidades oriundas da modernização ocidental.

O renascimento da Eurásia, o avanço na era digital e a aceleração do Antropoceno impõem um novo olhar sobre o passado a partir de outra perspectiva para o Brasil: a das grandes transformações estruturais do período pós-colonial. O presente ensaio parte da escolha metodológica que considera as grandes transformações que marcam o Brasil nos seus dois últimos séculos.

Por grandes transformações entende-se a temporalidade pela qual as estruturas que suportam a nação sofrem descontinuidade histórica, o que torna o cotidiano cada vez mais destoante da trajetória de experiência pregressa. A mudança de época, assim, reconfigura os símbolos culturais, o modelo de comportamento, as organizações sociais e os sistemas de valores.

Isso não significa, necessariamente, a positividade da sucessão de cenário superior ao existente, até então. De todo o modo, as grandes transformações impactam as gerações presentes e as que se sucederiam ao longo do tempo. Por conta disso, dependendo da movimentação geral e de seu ritmo, os resultados podem ser mais bem percebidos, muitas vezes, quando o futuro se manifesta na realidade do presente.

Com perspectiva teórica estruturalista, o presente ensaio sobre as grandes transformações estruturais do Brasil pós-colonial acompanha a perspectiva teórica da contradição, da tensão e do conflito. Pela recuperação histórica tornou-se possível encontrar elementos de compreensão a respeito das mudanças de época vividas pela nação, percebidas justamente quando a perspectiva de futuro se impôs sobre o presente do passado.

Assim, o horizonte de expectativas em cada determinado período histórico tende a antecipar como se apresenta o futuro possível de uma nação. Por se tratar de processos coletivos, a ampla movimentação da ação humana jamais deveria ser simplificada em personalidades e acontecimentos isolados.

Ao negar que a trajetória pregressa nacional seria uma mera reprodução dos destinos já traçados, concebidos de cima para baixo, entende-se a existência de uma grande transformação na sociedade quando o novo horizonte de expectativas se impõe sobre a realidade do presente. Para tanto, é preciso atenção diante do permanente risco de cometer anacronismo no tratamento da história.

Busca-se contemplar, em cada processo de grande transformação no Brasil pós-colonial, protagonistas cujo curso das ações foi realizado sem o prévio conhecimento do seu desfecho. Ao mesmo tempo, destaca-se que o reatamento dos laços com o passado na perspectiva da grande transformação implica reconhecer a simultaneidade possível da ruptura nas estruturas da sociedade com a continuidade no plano dos acontecimentos do cotidiano enquanto embate de forças sociais.[1]

Assim, pretende-se superar tanto as interpretações dualistas como as análises lineares da história brasileira, buscando articular o contexto internacional com os movimentos internos da economia, da sociedade e da política, próprios de uma complexa sociedade de classes. Com o fundamento no conflito, a grande transformação não se encaixa na dimensão progressiva ou evolucionista do processo de modernização de uma sociedade atrasada, protagonizada por seus setores dominantes.

Da mesma forma, busca-se a diferenciação relacionada à centralidade das abordagens em torno da formação nacional tão bem desenvolvidas por importantíssima parcela dos intérpretes do Brasil.[2] Avanços e retrocessos compatíveis com as ideias de formação/construção e deformação/desconstrução seriam perfeitamente constitutivos de processos históricos contraditórios presentes nas grandes transformações que marcam o Brasil.

Por isso, o interesse em articular a totalidade na história, tratando de considerar tanto os que se apropriam das mudanças estruturais quanto os que seriam por elas beneficiados ou prejudicados. Da mesma forma que a história se abre ou se fecha em conformidade com a ação humana, as grandes transformações estruturais transcorrem porque a perspectiva de futuro se impôs em cada período determinado.

Para tanto, enfatiza-se a centralidade de superação dos circuitos opacos que interditam a compreensão da mudança de época a partir das condições objetivas que permitiram a ela ocorrer, uma vez que "a história nunca se fecha por si mesma e nunca se fecha para sempre".[3] Trata-se de um convite à mobilização de esforços no sentido geral de oferecer um programa de estudos acerca da realidade brasileira transformada profundamente, começando pela fundação da nação, pelo ingresso no capitalismo periférico e pela passagem para a sociedade urbana e industrial.

Nesse primeiro quarto do século XXI, constata-se o movimento em torno da nova mudança de época. Por considerar que a atualidade faz parte de um processo maior de alteração de rumo na trajetória do Brasil pós-colonial, trata-se também de explicitar o entendimento acerca dos novos horizontes que se abrem em pleno curso da grande transformação estrutural.

Com esse objetivo, apresentam-se, inicialmente, os principais processos de transformação nacional. Na sequência, faz-se uma reflexão sintética sobre os traços marcantes em cada uma das grandiosas mudanças de épocas constitutivas do Brasil, após mais de três séculos de submissão colonial, praticamente sem horizonte de transformação estrutural.

Na parte final, a referência é feita à atualidade do tempo histórico, considerando o curso da quarta grande transformação estrutural do Brasil pós-colonial. Assim, espera-se contribuir para o combate necessário à superficialidade atual do debate nacional, sobretudo ao deserto de ideias que cegam o país, colocando-o no labirinto de caminhos sem saídas, de modo a escapar da repetição do passado gerada pelo cancelamento do futuro. Boa leitura.

Notas

[1] Baudelaire, 1996; Berman, 1986; P. Anderson, 1984.
[2] Freyre, 1997; Prado Jr., 2008; Furtado, 1977; Ribeiro, 1995; Candido, 2014; Holanda, 1995.
[3] Fernandes, 1979, p. 5.

1
PROCESSOS DE TRANSFORMAÇÃO NO BRASIL

O Brasil tal como se conhece atualmente guarda traços originalmente constitutivos associados ao movimento geral de modernidade ocidental posto em marcha a partir do final do século XV, quando as antigas rotas de interligação comercial pelo Mediterrâneo com a Ásia foram interrompidas. Embora esteja mais vinculada ao Setecentismo, com o avanço do Iluminismo e as Revoluções Francesa e Industrial Inglesa, a modernidade encontrada na racionalidade estava presente nos movimentos do Renascimento e da concepção humanista entre os séculos XIV e XVI, com as grandes navegações europeias.

Dessa forma, o movimento geral de modernidade ocidental foi se afirmando a partir da Europa como ponto de partida em direção aos diferentes continentes que o reproduziram sem ser de forma homogênea, tampouco espontânea. Na condição de "missionários", os diversos impérios europeus assumiram a função de difusores da nova civilização fundada na produção e na distribuição de mercadorias.

Toda vez que havia resistência, a violência se fazia presente, concomitante com a ascensão do conhecimento científico. Mas foi com a Reforma protestante (1517) que a relação entre tradição e religião foi abalada, abrindo caminho para a racionalização da Idade Moderna, com a centralidade humana e o desencanto do mundo.

Na visão de Hegel:

> A história universal vai do Oriente para o Ocidente. A história universal representa... o desenvolvimento (que) implica uma série de fases, uma série de determinações da liberdade... ao se tornar consciência de si. A Europa é absolutamente o centro e o fim da história universal. A Ásia é o começo.[1]

Da mesma forma, Habermas destaca que "os acontecimentos históricos-chave para a implantação do princípio da subjetividade são a Reforma, a Ilustração e a Revolução Francesa".[2]

A modernidade ocidental vista como emancipadora racional teve o seu primeiro momento irradiador fora da Europa a partir de 1492, quando o eurocentrismo se afirmou como razão dominadora, vitimária e violenta sobre o continente americano. Tratou-se da primeira experiência de constituição de algo diferente da realidade até então existente, estabelecendo, pela conquista e pela guerra, o controle e o domínio de uma periferia construída a partir do centro.

Desde então, a modernidade também pode ser vista como mito perseguido, pois compreenderia a presença da cultura superior, civilizatória e desenvolvida de parte do centro europeu diante de culturas inferiores, bárbaras e subdesenvolvidas. Assim, a condição de atraso diante do moderno terminou permitindo transformar os povos originários de vítimas em culpados, cuja dor e cuja imolação constituem passos necessários do acesso à modernização ocidental.[3]

De toda forma, a origem disso se encontra na queda de Constantinopla, em 1453, que terminou estimulando as bases materiais para o primeiro ciclo sistêmico de acumulação, que se constituiu pela combinação do capital genovês com os impérios Português e Espanhol. Para tanto, a matriz da guerra assumiu parte importante, concomitante com avanço tecnológico, sistema de moedas e criação de uma nova rede mundial de comércio superior às antigas rotas da seda.

O sentido geral da modernidade trazida desde a Europa se fez como nova realidade, impondo-se através do uso da força bruta, quando não aceito passivamente pelas mais diversas civilizações existentes na época – como nos casos dos antigos impérios na Ásia (Hindus, Majapahit na Indonésia, Chinês e outros), na América (Mexica, Tarasco, Maia, Inca, Chimu e outros) e na África (Mandinka, Congo, Songhai, Oyo Yorubá e outros).[4]

Em associação com a força original dos impérios Português e Espanhol, o impulso do capital coincidiu com avanços tecnológicos consideráveis em materiais e instrumentos de navegação (cartografia a mapear costas marítimas, bússola, astrolábio, entre outros) para superar a situação de atraso e inferioridade em relação aos povos de outros continentes. Com o objetivo inicial de restabelecer as trocas comerciais entre a Europa e a Ásia, o desenvolvimento naval potencializou o grande salto europeu através das grandes navegações exploratórias do oceano Atlântico.

Dessa forma, diversos reinos europeus foram se tornando potências marítimas (holandeses, ingleses, franceses e outros), superando as técnicas de navegação e construção naval que até então eram de domínio do antigo Império do Meio (China). No início do século XV, por exemplo, a China chegou a contar com a estimativa de frota marítima superior a 200 navios e quase 30 mil tripulantes, que percorriam o Sudeste Asiático e o oceano Índico.

A retomada do comércio da Europa com a Ásia pelo oceano Atlântico no final do século XV, pelo êxito do navegador português Vasco da Gama (1498), abriu espaço para a criação do "mundo novo", instalado no continente americano pela invasão ocidental. O primeiro registro de presença europeia na América[5] pertence aos *vikings*, que, liderados pelo explorador Leif Eriksson, alcançaram o que é hoje o Canadá, porém sem sucesso na exploração ocidental continuada, embora também existam hipóteses da presença chinesa durante o seu domínio dos mares.[6]

Com a chegada do navegador genovês Cristóvão Colombo, financiado pela Coroa espanhola, à ilha de Guanahani, nas Antilhas (atualmente San Salvador), em 1492, iniciaram-se a ocupação do continente americano e a sua incorporação ao horizonte geográfico ocidental (oeste da Ecúmena, a área habitável da Terra), até então constituído por Europa, África e Ásia.[7] O êxito da conquista e da exploração ocidental no novo continente fortaleceu o agrupamento social constituído por comerciantes, banqueiros e aventureiros, que havia reunido capitais em luta contra o antigo sistema feudal europeu, já em decomposição.

Nesse sentido, a exploração das terras na América portuguesa nascia relativamente moderna, fruto da formação da primeira economia do mundo a integrar crescentemente os mais distintos subsistemas pertencentes à longeva era agrária. Integrava-se, assim, inicialmente, ao sistema mercantilista colonial europeu, que se converteu na primeira cadeia global de valor a explorar o extrativismo, conectando, simultaneamente, três grandes continentes.

De um lado, o trabalho extraído do continente africano pela escravidão serviu, por mais de três séculos, de base humana fundamental para a expansão do sistema *plantation* colonial avançado no continente americano.[8] De outro, as originárias formação e expansão das grandes empresas de produção e comércio operaram em benefício do continente europeu.

Na forma da acumulação primitiva, a colonização portuguesa atendia, em primeiro lugar, às outras nações por relações comerciais desiguais, pela apropriação de renda através da derrama tributária e pela pilhagem da riqueza natural. Tanto assim que o êxito do sistema colonial permitiu que o fortalecimento das frentes sociais antifeudais constituísse a base de transição para o capitalismo nas diferentes experiências nacionais europeias de ascensão burguesa.

Concomitante com os acontecimentos que marcaram o processo de modernidade europeia, como o Renascimento e o Iluminismo, a ocidentalização da América portuguesa acompanhou as consequências dos movimentos vinculados à Reforma protestante (1517), ao nascimento do sistema interestatal que resultou da Guerra dos Trinta Anos (1618-1648) e às Revoluções Industrial Inglesa (1780) e Francesa (1789). Na perspectiva da modernização ocidental, a colonização portuguesa já se fazia moderna por ser instituída simultaneamente integrada ao novo mundo da forma mercadoria, ainda em construção numa Europa atrasada pelas marcas do passado feudal.

A geração forçada do excedente econômico, com a produção crescendo acima do nível de subsistência da população, consagrou o progresso resultante do processo de acumulação de capital. Diante disso, as críticas ao progresso ocidental se estabeleceram identificando-o, em geral, como ideologia central dos vencedores a serviço da legitimação do curso de exploração do capitalismo comercial (mercantilismo) e industrial.

Mesmo não sendo espontaneamente o elemento da libertação humana, o progresso assumiu a condição de antídoto contra a desesperança, estimulando os desejos de ascensão consumista enquanto crença da elevação do padrão de bem-estar e de incorporação, mais à frente, das massas à cultura da abundância. Mas no seu trajeto prevaleceram, em geral, a divisão, a exclusão e a discriminação, acompanhadas por ruínas decorrentes de sua dramática relação do presente com o passado, embora com os olhos sempre voltados ao futuro.[9]

Entre as promessas de modernidade e a inércia das tradições, constatou-se que o modernismo ocidental não correspondeu, necessariamente, à modernização socioeconômica, sendo as elites as principais beneficiadas ao longo do tempo. Na forma mimética de um eco tardio trazida pelos colonizados pertencentes às nações europeias atrasadas, a imposição do modelo importado de modernidade ocidental reproduziu deficiências profundas.[10]

Por outro lado, destaca-se o questionamento à visão propagada pelo colonizador de que os povos indígenas eram inferiores pelo primitivismo e pela inaptidão à civilização europeia. Por serem autóctones e mais avançados, cultural e economicamente, se comparados ao colonizador, os povos indígenas foram desde logo oprimidos, expostos ao desaparecimento progressivo pelo genocídio ou pela mestiçagem.

Os traços coletivistas acrescidos da propriedade coletiva da cultura indígena se opunham à lógica individual e egoística da acumulação destrutiva da natureza imposta pela modernidade europeia, responsável pelo atraso relativo das populações restantes após três séculos de funcionamento do sistema colonial. O "modernismo" da cultura dos povos originários com a "modernidade" da estrutura econômica coletivista seria uma espécie de antecipação da moderna utopia socialista, enquanto fase superior do modo de produção capitalista.[11]

Sem instituições e sem regras prévias à exploração mercantil, a colonização da América portuguesa foi, por mais de 300 anos, o expansionismo feitor a funcionar no ritmo do entreposto comercial a serviço de mercadores metropolitanos. Pelo sentido da colonização, as capitanias hereditárias atendiam ao gerenciamento do comércio, com mercadores dispostos à taxação na exploração da natureza, e com mercados, armazéns, alfândegas e navegação operados por grandes empresas a serviço da Coroa portuguesa.

Com a crise do sistema colonial, as guerras de independência no continente americano na virada do século XVIII para o XIX constituem significativa mudança de época ao abrir caminho para a transição mercantil ao capitalismo que já se encontrava em curso na Europa. Mesmo questionando o passado de exploração colonial, a criação do Estado soberano não retoma o modelo de vida pré-colombiano pertencente aos povos nativos.

Apesar da ruptura relacionada ao colonialismo, a independência nacional apontou para a continuidade da integração ocidental. Conduzida, em geral, por elites formadas anteriormente pela metrópole, a criação da nação foi exposta à encruzilhada dos extremos entre a barbárie associada ao passado ameríndio e a civilização vinculada à modernidade europeia, sobretudo liderada pela centralidade hegemônica da Inglaterra.

Pela consolidação do modo de acumulação capitalista, o agrarismo terminou sendo ultrapassado pela nova sociedade urbana e industrial. Ao longo do século XX, a centralidade hegemônica estadunidense difunde o estilo do *American way of life*, reafirmando a modernidade ocidental cada vez mais integrada ao antigo "novo mundo".

Dado esse ponto de partida histórico, os grandes processos de transformação no Brasil se caracterizam por buscar, invariavelmente, a superação do passado com a conservação da modernização ocidental. Ao contrário da tradicional ruptura histórica, a mudança de época transcorreu, em geral, demarcada por mudanças relativamente lentas, o que dificulta, muitas vezes, a separação entre a experiência do cotidiano vivido pela população e o horizonte de expectativas distintas para o futuro.

Disso resulta a percepção, muitas vezes equivocada, de que se trataria de uma sociedade congelada ao longo do tempo. Acontecimentos históricos de transformação no Brasil têm sido registrados como quase imperceptíveis, enquanto a interrupção, a um só golpe, tem sido registrada como praticamente inexistente no passado, o que faz transparecer que transformações ocorrem na ausência de participação popular e sem aceleração profunda do tempo futuro.

Inegáveis, os movimentos contrassistêmicos foram fundamentais para que as transformações viessem a ocorrer. Mas, diante de mudanças que se traduziram por sua lentidão no tempo, consagraram a possibilidade da complacência, quando não a própria atualização das instituições e posições sociais perturbadas pelas grandes transformações históricas.

Nesse sentido, o conservadorismo parece se expor diante do ataque expresso pelos movimentos emanados tanto de reacionários como de revolucionários. Os primeiros questionam o que poderia transparecer de acomodação, identificando-se a uma espécie de sebastianismo em defesa da ideia de possível retorno ao passado glorioso.

No caso dos revolucionários, o sentido da gestão da mudança apontaria a força do conservadorismo, desmotivando a superação do passado atormentador diante da possibilidade da redenção do futuro. A percepção do conservadorismo inscreve-se na perspectiva da manutenção da trajetória da modernidade ocidental, que, sem rupturas explícitas, tenderia a viabilizar, pela prudência, uma falsa normalidade no interior da transformação.

A manifestação de alianças pragmáticas no campo da política desanuviaria a clássica distinção de polaridade de uns contra os outros. Isso permitiu que o conservadorismo se separasse do reacionarismo, demarcando aos revolucionários o ponto de não mais retorno à velha ordem.

A conservação da trajetória de modernidade ocidental não deixou, contudo, de conceder a força e a grandiosidade das transformações na trajetória brasileira, em geral percebida pelas possibilidades tanto do progresso material – expresso pelo avanço tecnológico a serviço do desenvolvimento das forças produtivas – como do processo de libertação que emanciparia dos limites da vida com a democracia.

Por mais impulso de vitalidade que se apresente, a modernidade material tendeu a ser superada com o passar do tempo em função da sucessão de progressos técnicos, ao passo que a modernidade constituída pela libertação da opressão se sustentaria na radicalidade da democracia sociopolítica. Esse componente – aliás, frágil, quando não ausente – não deixou de ser percebido nos grandes processos de transformação no Brasil enquanto pertencente ao moderno sistema-mundo ocidental.

Ao superar meio milênio de criação herdada desde a invasão e a conquista europeia no continente americano, busca-se identificar e analisar a experiência de, pelo menos, três grandes transformações que marcam o Brasil de passado colonial.

A constituição da nação em função da independência nacional durante a década de 1820 demarca a primeira grande transformação brasileira pós-colonial. Na sequência, o ingresso no sistema capitalista, a partir da década de 1880, responsável pela segunda grande transformação brasileira, permitiu ultrapassar o modo de produção mercantilista pelo abandono da longeva escravidão. Na década de 1930, a terceira grande transformação nacional se expressa pela constituição do Estado moderno, que se mostrou fundamental para viabilizar a transição para a sociedade urbana e industrial.

Para além das três grandes transformações passadas, constata-se, desde a virada para o século XXI, um conjunto de elementos fundantes de uma possível quarta transformação brasileira. De um lado, o enfraquecimento da sociedade industrial passou a ser percebido como desintegrador do sistema produtivo e social, ao mesmo tempo que tem avançado a passagem para a era digital.

Enquanto mero consumidor, o Brasil parece assistir a essa transformação de forma passiva e dependente do uso de novas tecnologias provenientes do exterior. Nesse sentido, a complexidade de situar o processo de transformação no contexto atual do deslocamento do centro dinâmico do mundo do Ocidente para o Oriente requer a revisão acerca das brechas históricas de reconfiguração do mundo periférico na ordem global. Ao mesmo tempo, sinaliza que a globalização parece ter levado ao limite a perspectiva de modernidade ocidental. Acentuam-se as reflexões acerca do seu colapso, justamente quando a massa dos objetos construídos pela humanidade (mercadorias) ultrapassa em peso, pela primeira vez, a massa dos seres vivos, inaugurando a nova época geológica definida por Antropoceno, cujos efeitos tendem a ser crescentemente dramáticos para o planeta.

Para poder abordar a natureza das transformações, bem como suas especificidades brasileiras, parte-se do impacto gerado pela dominância do invasor português sobre os ameríndios que haviam se constituído enquanto povos originários havia mais de 50 mil anos. Contaminada pela perspectiva ocidental, a sequência das grandes transformações expressa especificidades de características convergentes desde o ingresso no sistema capitalista mundial, conforme considerado a seguir.

A CONSTITUIÇÃO DO "POVO DA MERCADORIA" E O FIM DO MUNDO AMERÍNDIO

No início do século XVI, a Europa Ocidental representava cerca de 13% da população mundial, estimada em menos de 440 milhões de habitantes. Numa sociedade agrária dominada pela economia pré-industrial, a realidade europeia era demarcada por miséria, doenças e trabalho, cujos instrumentos rudimentares a tornavam atrasada em relação aos impérios Hindus e do Meio (China).

Na América pré-colombiana que se estendia da Terra do Fogo ao Alasca, as estimativas, para a época, em relação à população dos povos ameríndios eram diversas, podendo alcançar mais de cem milhões de habitantes. Ademais de a população dos povos indígenas ter sido, no seu conjunto, possivelmente superior à população da Europa Ocidental no século XVI, o continente americano detinha uma diversidade de culturas, com graus de organização social e econômica que chegavam a equivaler aos do "velho mundo", se não a superá-los.

Contando com a chegada de humanos no continente americano com estimativas de até 50 mil anos atrás, o povoamento ameríndio se destacou por diferenças importantes, compreendendo cerca de 1.200 idiomas falados convergentes com 120 famílias linguísticas. Além da importância do Império Asteca (1300-1521), ressalta-se o Império Inca (1438-1533), que chegou a ocupar extensão territorial considerável, comparável a parcela da dimensão do Império Romano na Europa (27 a.C.-476 d.C.).

Embora inverídica, em geral, a narrativa predominante dos invasores era a de que os indígenas, além de pagãos, eram selvagens e incapazes para o trabalho. Não se pode deixar de reconhecer que parcela dos povos nativos detinha o caráter beligerante, com hierarquias internas impostas pela força e com práticas de trabalho compulsório em obras públicas (canais de irrigação, estradas, templos e pirâmides), como na civilização asteca.

Entre os maias, por exemplo, predominava uma espécie de Estado teocrático e, assim como ocorria entre os incas, havia a imposição de pesados impostos aos segmentos mais pobres, cobrados na forma de mercadorias ou trabalhos em obras públicas. Além disso, algumas sociedades ameríndias praticavam também o ritual antropofágico com prisioneiros de tribos inimigas para reverenciar espíritos dos antepassados e vingar os mortos em combate.[12]

Por outro lado, as estruturas sociais e culturais dos povos ameríndios pré--colombianos eram relativamente avançadas para a época, com o domínio, por exemplo, da matemática, da astronomia e da engenharia, da escrita (semelhante aos hieróglifos egípcios), da produção de bens de luxo (joias feitas de jade e cerâmica), do manejo de florestas e lavouras (milho, batata, abacate, tomate, abóboras, borracha, entre outros) e da domesticação de animais e plantas. Nesse sentido, a prática, entre alguns povos indígenas, de uma economia de certa sofisticação e escala de produção possivelmente estava acima daquela perpetrada na Europa, tanto assim que o colonizador terminou por se apropriar de práticas e culturas aplicadas até então pelos povos originários.[13]

Ao mesmo tempo, percebem-se indícios de intercâmbios geográficos no interior do continente americano entre os povos ameríndios do Norte e do Sul; experiências seculares de povos originários que, diferentemente dos europeus, exerciam alguma autonomia diante de governos que não eram todos hereditários.[14]

Acresce salientar que, quando os europeus chegaram, a cidade de Tenochtitlán, capital do Império Mexicas, ademais de rica, com cerca de 30 palácios e banheiros públicos, contava com sistema hidráulico de vias em lagos, notável arquitetura e sustento alimentar produzido em seus arredores. Com isso, a cidade chegou a contar com cerca de 250 mil habitantes, a maior densidade populacional do continente americano, ultrapassando a população de Paris no início do século XVI.

Não bastasse isso, o Império Tarasco foi o primeiro a organizar a extração e o trabalho com metais no continente americano. Os tarascos utilizavam o cobre e o bronze para produzir adornos e equipamentos como enxada e foice.

Estudos arqueológicos ressaltam que, na América pré-colombiana, a Amazônia compreendia cerca de dez milhões de habitantes, com cerca de 300 idiomas distintos. Em geral, a maioria dos povos indígenas da região conhecia uma espécie de sistema de caminhos por florestas e rios, não se fixando em cidades, como maias e incas, ainda que mantivesse espaços de valoração religiosa e política.[15]

Dessa forma, a concentração populacional dispersa em vasto território expressou a passagem de nômades e caçadores-coletores para horticultores ao longo de milhares de anos. Por conta disso, as culturas pré-colombianas guardaram significativo legado de ampla biodiversidade em praticamente todo o continente.

Mesmo assim, cabe destacar a existência de registros anteriores à chegada dos europeus sobre práticas de desmatamento, extinção de algumas espécies, como de aves e peixes, bem como polinização na ilha de Páscoa. O colapso ambiental também parece ter ocorrido por força da presença de alguns povos ameríndios, como no Chaco Canyon (Anasazis e outros), no sudoeste dos Estados Unidos da América e na Mesoamérica, como nos casos de Copán, Tiauanaco, Chichén Itzá, Mayapán e outros.[16]

De outra parte, foram identificados avanços entre os incas através do seu sistema de redistribuição, conhecido por *mita*, que se referia à captura de recursos disponíveis, sendo um terço para o soberano, outro para a organização do Estado e o restante para as próprias comunidades. Dessa forma, existia uma espécie de garantia em termos de segurança ao conjunto do povo, mantendo as condições de vida entre elites e comuns da época.

Mas toda essa riqueza cultural, social e econômica sucumbiu diante da presença crescente da colonização europeia, que não se realizou de forma pacífica, pois não contou, em geral, com o consentimento dos ameríndios. Em pouco tempo, grande parte da população ameríndia existente no século XVI teria desaparecido em face da violência da colonização e do genocídio causado por doenças provenientes do processo de ocidentalização do continente americano.

O modelo de ocupação da América pelos europeus inferiorizou os povos originais, impondo a eles somente a perspectiva ocidental do processo de construção homogeneizadora do "povo da mercadoria". Para lograr êxito, a violência foi o principal instrumento de dominação para a exploração econômica voltada à produção de mercadorias em estado puro.

Nas colônias, em geral, sem leis de controle social e respeito humano, o selvagem não era o nativo, mas o próprio colonizador assentado nas doutrinas civilizatórias racistas. Assim, o sistema colonial entre os séculos XVI e XVIII serviu para as narrativas da evangelização, do fortalecimento da Coroa e do enriquecimento burguês.

Isso porque a modernidade europeia somente se consolidaria como centro do mundo a partir da existência de um entorno periférico, assumindo a América a condição de primeira colônia da Europa moderna, bem como a primeira periferia antes da África e da Ásia. Embora nascida de algumas cidades medievais europeias, a modernidade somente alcançou a maioridade com o surgimento do sistema colonial mercantil a integrar os distintos continentes.

Para tanto, a difusão do "método da guerra interna", do uso da violência vitimária e sacrifical como forma de ocupação do território e domínio dos corpos existentes representou possivelmente o maior genocídio da história. A partir do século XVI, a conquista significou o encobrimento do outro, sendo a colonização inicial da vida cotidiana do índio (servidão ou morte) e, na sequência, do escravo africano (escravidão ou morte) a forma prática pela qual a modernidade ocidental se difundiu no mundo. De imediato, deu-se a dominação pela violência da guerra até internalizá-la pela aculturação e pela domesticação do modo de vida imposto pelo sentido capitalista.[17]

Nesse sentido, a transição do sistema colonial para o sistema capitalista não seria necessariamente produto emergente e fundamental da Revolução Industrial inglesa, mas, sobretudo, dos ciclos de guerra que permitiram ao capitalismo se renovar e fortalecer, tornando-se capaz de desobstruir obstáculos aos interesses econômicos do centro dinâmico mundial diante de sua periferia frequentemente reconfigurada.

MAPA 1: BRASIL – EVOLUÇÃO DA DIMENSÃO TERRITORIAL EM 1494 E EM 1822

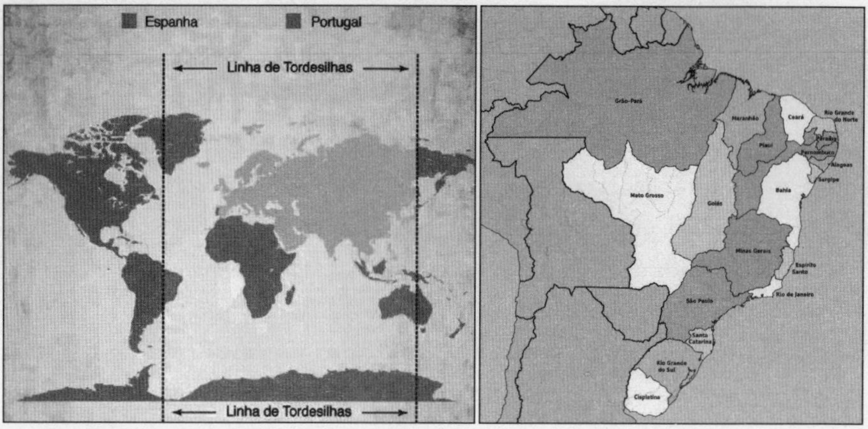

Fonte: Oliveira, 1998, p. 19.

É importante destacar, todavia, que a cultura da guerra e da violência, tampouco a prática da escravidão, não era nova nem fora introduzida pela Europa. Dentro da concepção presente no projeto de modernidade ocidental, tanto o colonialismo quanto o sistema capitalista não deixaram de dar certa continuidade à trajetória da dominação registrada desde os antigos povos da Mesopotâmia (Sumérios, Acádios, Babilônicos, Assírios).

Diante dos ataques, das invasões e das constantes disputas com outros povos em defesa do espaço geográfico colonial, a guerra e suas consequências humanas eram comuns. Da mesma forma, as ações exploratórias e de expansão, ocupação e exploração territorial adotadas pelo colonizador português se constituíram no método do uso de força bruta e violência, toda vez que houvesse resistência à dominação.

Entre 1500 e 1820, o domínio colonial português multiplicou por quatro o controle territorial, expandindo os 2 milhões de quilômetros quadrados originalmente definidos pelo Tratado de Tordesilhas (1494) para 8,1 milhões de quilômetros quadrados, em 1822. Em relação à população, o mesmo não parece ter acontecido.

As estimativas da população indígena na chegada dos colonizadores lusitanos são distintas. Podem atingir de 2,5 milhões de ameríndios somente no território da América portuguesa em 1500 (Tratado de Tordesilhas) até 8 milhões de indígenas no território que se tornou o Brasil independente em 1822, distribuídos por cerca de mil tribos indígenas.[18]

No ano da independência, a população considerada brasileira foi estimada em 4,5 milhões de habitantes e, em 1850, 7,2 milhões de habitantes. Tudo isso, considerando-se que, entre 1550 e 1850, o Brasil recebeu 4,8 milhões de escravos africanos e cerca de 740 mil portugueses.

Nesse ambiente, a cultura da violência e das guerras internas constituiu um negócio de oferta da proteção, encontrando limites no estabelecimento do próprio Estado. Após o século XVI, os criadores da guerra e os construtores do Estado assumiram a exploração coercitiva difundida através do contrato social e da autorregulação dos mercados.[19]

Assim, a guerra tornou-se a via pela qual a extração e a acumulação de capital contribuíam para a configuração do Estado na Europa e sua posição no cenário mundial. Ao mesmo tempo, a estrutura da economia capitalista conduzida por suas classes dirigentes apontou a preferência pela guerra, em geral acompanhada pela elevação da capacidade de arrecadação fiscal pelo Estado.

Em contraposição à perspectiva de Thomas Hobbes,[20] que defendia a criação do Estado, a partir da guerra, diante da hipótese de existência da situação de natureza universal que expressaria a "guerra de todos contra todos", encontra-se a de Michel Foucault.[21] Para ele, a história de conquista e dominação dependia da guerra efetiva somente a ser conduzida pelo Estado, que se fundia na própria guerra.

Em vez de levar a felicidade aos colonizados, o colonizador se servia do modelo de trabalho compulsório e do despotismo da exploração humana e da natureza autoritária, sem limites.[22] Diante disso, a dominação ocidental foi se fazendo realidade em outros continentes, estabelecendo o mundo da produção das mercadorias. Nesse contexto, os povos originais foram sendo modificados, somente passando a ser incorporados perante a condição de pobreza, objeto de alguma assistência por políticas governamentais.

Considerado componente ativo da formação da economia-mundo que integrou os distintos continentes, inicialmente pelo sistema colonial mercantil (acumulação primitiva) e, posteriormente, pelo capitalismo (acumulação ampliada), o Brasil decorreu da originalidade de iniciativa ocidental de modernização. Mas, antes de a Europa completar o seu próprio projeto de modernidade (material e emancipatória), o Brasil já assumia a forma mercadoria pelo formato de entreposto comercial expresso pelo sentido da colonização portuguesa.

Diante disso, a experiência brasileira se deu sem que outra variante histórica pudesse ser constituída, fazendo predominar os fundamentos da forma ocidental de mercadoria no território até então ocupado por populações originais. O processo de homogeneização imposto pelo avanço da modernidade capitalista terminou por solapar o mundo ameríndio que, voltado para si, predominava até então.

A montagem de um novo povo fundado na produção e na valorização de mercadorias para outros transcorreu assentada na combinação de populações transplantadas de outros continentes (África e Europa) com o que restou dos povos originais. Nesse sentido, deu-se o esmagamento social e econômico das culturas ancestrais que não se caracterizavam por separar a natureza da dimensão humana.

Para o novo "povo da mercadoria", a natureza estaria apartada da condição humana, servindo, portanto, de recursos a serem explorados por madeireiros, garimpeiros, pecuaristas, agricultores, entre outros tradicionais predadores econômicos. Hipnotizado pelo sentido do dinheiro, o projeto colonizador ocidental procurou associar a liberdade da busca de abundância convergente à acumulação crescente de riqueza; em síntese, era a troca do futuro sustentável pelo acesso ao dinheiro mais rápido possível, tendo por ideal a prevalência da natureza enquanto recurso de uso inesgotável.

Com isso, o projeto de ocidentalização do mundo trazido pelo sistema colonial europeu levou ao esgotamento das expectativas futuras intrínsecas ao mundo ameríndio. Mesmo sufocados pela ordem do progresso sem limites naturais, permanentemente expostos ao genocídio pelo homem branco, os ameríndios procuraram resistir como puderam, buscando resguardar modos de vida e sistemas produtivos e de consumo tradicionais à convivência com a Terra-Floresta.[23]

De toda a forma, o sentimento de fim do mundo colocado para os ameríndios se materializou imediatamente pela submissão cruel do genocídio dos que não aceitavam ser escravizados no campo ou ser pobres vagando pelas cidades. Isso porque a ocupação e a dominação do continente pelo sistema colonial europeu mercantil fizeram da natureza o espaço territorial a ser domesticado, separado e colocado a serviço da exploração econômica para a produção de mercadorias.

No circuito da acumulação de capital, seja primitiva, seja ampliada, a natureza era considerada como estoque infinito dos insumos destinados à produção de mercadorias. Pelo progresso, o tratamento da natureza como recurso inesgotável consolidou, através dos anos, o traço da liberdade perseguida pela busca da abundância intrínseca ao padrão de produção e consumo inevitavelmente degradante da biodiversidade na sociedade dominada pelo dinheiro e produtora de mercadoria.

Diante da concepção do colonizador europeu de transformação profunda da natureza a seu favor, a perspectiva diversa dos povos ameríndios de se manterem sem mudar a natureza foi acompanhada por três distintos tipos de resistência. De imediato, houve a preferência pela unidade diante do espírito de competição ocidental, seguida da ampla respeitabilidade pela natureza e, por fim, da recusa ao entendimento da história como um devir.[24]

Em relação a isso, o processo civilizador ocidental ganhou maior envergadura a partir da segunda metade do século XVIII, com as reformas do marquês de Pombal introduzidas diante do declínio do Reino de Portugal. As inovadoras decisões do primeiro-ministro português afetaram o Reino e suas colônias, especialmente com a expulsão dos jesuítas, que concedeu maior controle sobre a população ameríndia à burocracia civil e militar, uma vez que a escravidão indígena foi abolida.

Em plena imposição da nova ordem, as formas ancestrais de convivência dos povos nativos foram rompidas, agora sob o encargo dos chamados bacharéis (intelectuais e altos funcionários), formados, em geral, nas escolas da metrópole. De volta à colônia, a elite dirigente passava a exercer a função de civilizar a heterogênea e diversa composição dos viventes no território de exploração colonial em favor de Portugal.

Com a derrocada do colonialismo por força do movimento da independência nacional, o antigo entreposto comercial definido até então como colônia da metrópole portuguesa se transforma em nação soberana. Mesmo assim, o projeto civilizatório ocidental continuou a ser perseguido, porém em novas bases, enquanto periferia do sistema-mundo capitalista hegemonizado pela Inglaterra.

Embora tivesse possibilidade de rever a trajetória genocida dos 300 anos passados durante o sistema colonial português, a independência no Brasil abriu caminho para a passagem da mais ampla condição de "povo da mercadoria" para a de sociedade de produtores de mercadoria mediada pelo sentido do dinheiro. A respeito dessa transformação de natureza estrutural, destaca-se a superação dos antigos limites impostos pela integração ao sistema colonial escravista de interesse e dependência europeia pela emergência da economia nacional, com dinâmica crescentemente complexa.[25]

O período imperial de mais de seis décadas no Brasil (1822-1889) cumpriu dois processos distintos, porém simultâneos. O primeiro vinculado à descolonização propriamente dita, de organização das bases de um sistema nacional, enquanto o segundo referente à transição para o sistema capitalista, sobretudo no Segundo Império, de responsabilidade de d. Pedro II.

Nesse cenário, o que restava dos povos ameríndios originários e importados da África como escravos deixava de ser o foco no entendimento de ricos, poderosos e privilegiados acerca da continuidade do processo de internalização da modernização ocidental. Assim, a guerra imposta pela dominação colonial para a extração de riqueza se deslocava para a defesa interna voltada à manutenção e à ocupação do território.

Mas, para o governo monárquico sucessivamente constituído por elites provenientes de senhores de escravos, o inimigo era íntimo, gerador de frágil coesão interna. Diante da formação social étnica mal definida, da ausência de raízes históricas e da improvisação institucional herdada da condição colonial de entreposto comercial produtor de mercadorias, somente a trajetória do branqueamento projetado pela proposta capitalista tornaria possível manter a perspectiva da modernidade ocidental.

O inimigo interno seria assimilado ou eliminado pela continuidade do uso recorrente da violência, cada vez mais capturada pelo processo de monopolização estatal, ao mesmo tempo que se dava a preparação para a gradual passagem ao modo de produção capitalista. A partir de então, o "povo da mercadoria" encontrar-se-ia consolidado perante a nova sociedade de classes a ser integrada nacionalmente.

Por decisão interna de suas classes dirigentes, o projeto de modernidade ocidental adentrou no século XX trazendo consigo um conjunto social de sobrantes, inorgânicos ao capitalismo nascente no Brasil. Em grande medida considerado descartável pela elite dominante, o que ainda restava dos povos ameríndios originários, dos importados da África pela escravidão e dos miscigenados em geral não deixara de ser objeto de continuada guerra civil contrária ao inimigo interno representado pela constituição do sistema jagunço presente na República Velha (1889-1930).

Pela Revolução de 1930, quando da criação do Estado industrial voltado à concretização da passagem para a nova sociedade urbana, erigiu a grande transformação do imenso, heterogêneo e antigo contingente de inorgânicos em proletariado industrial. Movido pela inédita perspectiva de conversão em cidadania regulada pelo acesso à carteira de trabalho portadora de direitos sociais e laborais, o projeto de modernização ocidental ganhou inegável fôlego em plena condição de capitalismo periférico.

Ainda que incompleta, a sociedade industrial que se encontrava em formação até então terminou sendo abalroada por sucessivas tentativas de manter ativa a perspectiva da modernização ocidental. Desde a virada para o século XXI, os sinais do deslocamento do centro dinâmico mundial do Ocidente para o Oriente são inegáveis e cada vez mais fortes.

O acirramento das disputas e dos conflitos no interior do sistema interestatal emerge diante do esgotamento da perspectiva de modernidade ocidental assentada na concepção de progresso que apartou o ser humano da natureza, tornando-a uma espécie de recurso inesgotável do processo de acumulação de capital. Os crescentes limites climáticos impostos à continuidade dos povos da mercadoria ameaçam decisivamente a continuidade da modernidade ocidental.

Nesta primeira metade do século XXI, o soerguimento da Eurásia sob a liderança da China parece conter um novo horizonte de expectativas para o qual o conservadorismo moderno brasileiro quase nada tem a dizer ou projetar sobre o futuro da nação. O quadro de cegueira situacional que contamina o presentismo no país há mais de quatro décadas desfoca a disputa acerca do sentido em curso na quarta grande transformação no Brasil.

A direção de forças sociais de ideologia reacionária, revolucionária e conservadora indica, muitas vezes, o encharcamento decorrente do peso da herança da modernização ocidental, como se observa, de certa forma, nas tentativas de gestão/adiamento das crises ecológica, financeira, sanitária e outras correspondentes ao momento cosmopolita do segundo estágio da modernização ocidental, que sobrepõe fronteiras nacionais, ainda que de forma desigual.[26]

A quarta grande transformação se apresenta efetiva, transcorrendo deslocada da direção de um novo sujeito social. As narrativas do presente parecem mais obstaculizar do que oferecer caminhos capazes de dirigir a atual mudança de época, conforme observado nas três grandes transformações anteriores pelas quais o Brasil passou.

De um lado, o negacionismo de perspectivas futuras que resultam dos diversos diagnósticos cáusticos sobre a situação do presente nacional. Diante disso, a defesa de políticas públicas de reparação emerge como resposta ao passado massacrante, especialmente às vítimas determinadas pelo identitarismo próprio da atualidade de enorme fragmentação social.

De outro, a superficialidade das narrativas que abusam da problematização do capitalismo centrado na desigualdade. O menosprezo à implosão da sociedade urbana e industrial permite simplificar o papel do Estado em sua capacidade de incluir sujeitos monetários reflexos da estrutura produtiva reprimarizada a dissolver parcela dos povos da mercadoria. Sem luta pela emancipação, o novo sistema jagunço avança, reunindo cada vez mais os sobrantes de um capitalismo cada vez mais para poucos.

As especificidades das grandes transformações estruturais no Brasil pós-colonial

A experiência brasileira apresenta aspectos interessantes de diferenciação entre a cultura da não ruptura e a consciência da grande transformação estrutural no país. Isso porque, no âmbito da história processual, da sucessão de episódios e do destaque a personalidades, as possibilidades reais, as divergências existentes e as correlações de forças políticas de cada época são, muitas vezes, menosprezadas, simplificando os acontecimentos, vistos como parecidos entre si.

A ausência de imprevista, rápida e radical mudança e de rompimento pleno com o passado reforça as narrativas carregadas do e confinadas ao sentimento de continuidade histórica. Parece prevalecer, assim, a permanência da sociedade brasileira sem alteridade em relação à trajetória pregressa.

Dessa forma, a insistência na cultura da não ruptura, sem alterações estruturais, apresenta-se incapaz de validar acontecimentos históricos de grande transformação estrutural no Brasil. Ainda que conformadas pelo sentido de fortalecimento do "povo da mercadoria", as mudanças de época no Brasil pós-colonial não deixaram de perseguir o modelo ocidental de modernização capitalista.

Enquanto a cultura histórica tenderia a apontar as formas pelas quais a sociedade conceberia o seu passado, a consciência histórica identificaria as grandes descontinuidades da práxis em relação ao horizonte de expectativas coletivas.[27] A concepção de temporalidades distintas sobre formas sociais de relacionamento coletivamente concebidas do passado a ficar cada vez mais distante seguiria condicionada por estruturas econômica e política socialmente reflexas em cada período historicamente determinado.

Por conta disso, um sistema social conformado pela estabilidade não seria exclusivamente inercial, pois seria pautado por diferentes mudanças de épocas constitutivas do esgotamento de consensos pretéritos, superados por crescentes dissensos. O percurso transformador, ainda que tendencialmente lento, constituir-se-ia pela convergência das modificações pontuais e perceptivelmente separadas.

A depender do enfoque, a cultura histórica, enquanto expressão do senso comum, retrataria fundamentalmente momentos pontuais, em geral desconectados do movimento mais amplo associado ao processo transformador. A incorporação de abordagens que valorizam a realidade socioeconômica e política de cada período histórico determinado possibilita que diferentes aspectos considerados explicitem a singularidade presente nos momentos de grandes transformações estruturais no Brasil.

Para tanto, há necessidade de a interpretação do passado estar conectada ao horizonte do presente de expectativas daquele período enquanto percepção das possibilidades de futuro a se diferenciar do que fica para trás.[28] O sentimento de uma grande transformação refletiria o reconhecimento de que a percepção do passado ficaria irreproduzível no presente, deixando de ser compartilhada pelas novas gerações.

Isso aconteceria de maneira tanto mais explícita quanto mais rápida fosse a transformação estrutural, sobretudo se abrupta, a um só golpe. Mas, quando a transformação persegue trajetória mais longa e menos acelerada no tempo, o horizonte de expectativas pode se confundir com a experiência do passado.

Nesse caso, há a possibilidade da percepção falsa de ausência de ruptura com o passado, prevalecendo a imagem de uma mesma época a se reproduzir ao longo de diferentes tempos históricos. Pelo processo de transformação, o futuro se torna desconhecido e objeto de dominação, quando a experiência do mundo cotidiano vivido se distancia do presente, cada vez mais materializado pelo novo horizonte de expectativas.

Diante da aceleração do tempo presente, a grande transformação conformar-se-ia diante da dinâmica de preservação do passado, na perspectiva dos reacionários, e da exigência de mudança inserida no novo horizonte de expectativas. Isso converter-se-ia em algo mais amplo, especialmente em sociedades extremamente desiguais, como a brasileira. A oposição entre as diferenças do passado e o futuro tenderia a ser amenizada diante do projeto de modernidade ocidental.

As concentrações sociais e lutas políticas antissistêmicas durante períodos históricos determinados decorreriam da abertura de novas expectativas de horizontes geradas pelo próprio processo de transformação, nem sempre positivas. Dependeria de qual lado da correlação de forças estaria presente.

No projeto de modernidade ocidental, o progresso assumiu o sentido de preservação do futuro, guardando correspondência com o horizonte de expectativas superiores do amanhã em relação ao ontem. Uma espécie de sequência infinita de aprimoramento da modernidade, capaz de soldar a concepção de universalidade ao próprio ideário da ocidentalização.

Para isso, contudo, é importante que esse projeto prevaleça sobre a diversidade das narrativas, e que haja intransparência das barbáries intrínsecas ao vigor do progresso comprometido com um sistema de acumulação de capital associado ao pressuposto de a natureza ser um recurso inesgotável. A linha do tempo da ocidentalização do mundo desde a segunda metade do milênio passado contempla o trajeto inegável do morticínio promovido pela proliferação das guerras, da superexploração econômica, das trocas desiguais entre centros e periferias, das práticas racista e machista, entre outros.

Acima da realidade materializada pela continuidade da perspectiva do progresso, o conservadorismo moderno assumiria centralidade diante do reacionarismo e do revolucionarismo. Assim, a continuidade do ideário da ocidentalização estaria garantida, dominante que foi desde o fim do colonialismo na América portuguesa.

As grandes transformações que marcam a trajetória do Brasil, como a conquista da independência nacional, o ingresso no modo de produção capitalista e a passagem para a sociedade urbana e industrial, reafirmaram o ideário ocidental conduzido pelo conservadorismo moderno. Nesse sentido, há necessidade de diferenciar a concepção de revolução moderna da prevalecente na Antiguidade, quando as mudanças não significavam o surgimento do novo, tampouco a interrupção de uma trajetória determinada.

Na modernidade ocidental, a revolução caracterizar-se-ia pela imposição do novo, em que a emergência de um outro corpo social implicaria descontinuar a trajetória pregressa dominante. Para tanto, a motivação socioeconômica forçaria a mudança na relação entre governo e riqueza, com a transição do regime plutocrata vigente para a democracia a ser exercida por todos os cidadãos na escolha livre de seus governantes.

Enquanto a América pré-colombiana assumia simbolicamente a experiência histórica de povos nativos convivendo sem pobreza, a colonização e sua sucedânea, o capitalismo, colocaram em marcha a desigualdade à espera da transformação radical do arcabouço da sociedade e da estrutura da esfera pública. Por isso, o objeto da revolução identificar-se-ia com a liberdade, pois ela demarcaria o início de uma história totalmente nova.[29]

No caso brasileiro, o distanciamento das ideologias reacionárias e revolucionárias não significou que as grandes transformações não tenham representado um novo começo, com a liberdade almejada pelo fortalecimento de novo corpo social. Para tanto, contou-se com a presença insistente do pragmatismo exercido pelo conservadorismo moderno.

A frase atribuída a um político reacionário do porte do governador de Minas Gerais Antônio Carlos de Andrada (1870-1946), diante da Revolução de 1930, "Façamos a revolução antes que o povo a faça", qualifica o pragmatismo exercido pelo conservadorismo moderno diante da própria irremediabilidade inconveniente da mudança de época. Sem mais forças para evitar, trataria de aderir à transformação, disputando a direção política e o seu sentido maior, como forma de atenuar possíveis impactos negativos sobre os interesses dominantes.

Ao mesmo tempo, o conservadorismo moderno necessitou contemplar distintas reivindicações expressas por maiorias populares. Exemplificação disso aconteceu na década de 1960, com distintas mobilizações de natureza revolucionária no Brasil.

Na virada para os anos 1960, durante a vigência do regime democrático, as bandeiras das chamadas "reformas de base" articulavam maiorias populares, como no caso das Ligas Camponesas que entoavam o lema "Reforma agrária na lei ou na marra". Ao final dos anos 1960, em pleno autoritarismo, os movimentos revolucionários em luta contra a ditadura civil-militar (1964-1985) ressoavam nas mobilizações de rua o refrão "Vem, vamos embora, que esperar não é saber, quem sabe faz a hora, não espera acontecer", contido na música de Geraldo Vandré ("Pra não dizer que não falei de flores", de 1968).

Tudo isso, resumidamente, refletiria as especificidades intrínsecas às mudanças de época pelas quais o conservadorismo moderno procurou simultaneamente, de um lado, minorar os efeitos reativos dos interesses dominantes afetados e, de outro, atender – em maior ou menor medida – ao curso das forças revolucionárias no país.

Esse modo próprio pelo qual o conservadorismo moderno se moveu ao longo do tempo revela a efetividade das grandes transformações no Brasil. Diante da polarização imposta pelas tentativas tanto de regresso à ordem anterior como da perda de controle do curso da mudança de época reivindicada por forças populares, emerge a ação de combinação simultânea das ideologias reacionárias e revolucionárias.

Assim, as grandes transformações guardaram, em geral, as características da intolerância às práticas subversivas de adoção da violência, bem como à radicalidade da aceleração das ações voltadas à antecipação do futuro emancipador, libertador do passado trágico. Inegavelmente, o conservadorismo moderno terminou atuando para administrar cada uma das grandes transformações no país.

O resultado disso foi a ausência de rupturas a um só golpe, uma vez que o gradualismo e a lentidão dos processos associados às grandes transformações foram permeados da diversidade de iniciativas de acomodação ou de retardamento dos movimentos revolucionários e reacionários. A oposição dessas duas ideologias ao conservadorismo moderno não deixou de ser constantemente afirmada.

De todo o modo, o conservadorismo moderno, ao não desejar abandonar o sentido da modernidade ocidental, concentrou-se, em geral, na gestão da direção e do sentido da grande transformação. Nessas circunstâncias, o liberalismo proliferou mais pela retórica do que pela efetividade, tendo o Estado se associado recorrentemente à manutenção dos interesses do "andar de cima" da sociedade que congregou o "povo da mercadoria".

O radicalismo também se manifestou em oposição ao liberalismo, o que terminou por garantir maior centralidade ao conservadorismo moderno, que, diferentemente da postura conservadora tradicional, compreende que as sociedades se transformam. Diante do passado horrível do país, sem nada de decente a conservar, coube defender a modernidade ocidental, seja pela via democrática, seja pela via autoritária.

O conservadorismo se distanciou do reacionarismo tanto quanto foi capaz de postergar a viabilidade do reformismo. Somente diante das ameaças aos privilégios do "andar de cima" foi que as grandes transformações terminaram por contemplar certas reivindicações do "andar de baixo".

Mas, como se trata de uma nação em que a desigualdade entre a classe dominante e o restante da sociedade é imensa, uma das mais expressivas do mundo, o "andar de cima" passa quase despercebido. De maneira geral, os conflitos, como uma espécie de guerra civil, acontecem mais entre os pertencentes ao "andar de baixo" da sociedade, incluídos os setores intermediários, mas dificilmente se voltam em direção aos ricos, poderosos e privilegiados.

Considerando que o capital estrutura a forma de existência humana, ganhou expressão nas elites nacionais a perspectiva de que a condição de periferia poderia se emparelhar à modernização do centro avançado. Com o esgotamento do colonialismo, o novo tempo se apresentou enquanto país periferia do sistema capitalista mundial.

As peculiaridades do Brasil resultaram do processo de aclimatação das imposições do novo tempo das grandes transformações estruturais num país partícipe do sistema produtor de mercadoria. Ao procurar chegar à origem do que permite identificar a trajetória do Brasil pós-colonial, compreendem--se as particularidades do processo maior da ocidentalização da modernidade capitalista.

Nos dias de hoje, contudo, o mesmo processo de ocidentalização parece indicar limites. Embora a aceleração do tempo permaneça circunscrita à ideia de modernidade, o progresso deslocar-se-ia do horizonte de expectativas crescentes.[30]

Vão nesse mesmo sentido os debates abertos em torno do esgotamento das fontes emancipatórias[31] e das transições da modernidade para a pós--modernidade[32] e da "modernidade sólida" para a "modernidade líquida".[33] Nos termos do colapso da modernidade ocidental encontrar-se-ia a gestão da crise capitalista, com objetivo de postergar a própria catástrofe, escorando as estruturas que desmoronam.[34]

Ao contrário do passado, o presente parece se distanciar do futuro, com expectativas decrescentes em relação à superioridade do porvir. A continuidade do que já é decadente alia-se à ideia da reconstrução do que já se estabelece como ruína, reproduzindo-se pela gestão de riscos a contornar o mal-estar social generalizado.

O que se apresenta como cronicamente inviável não pode ser resolvido com a reprodução do passado. O fato é que a quarta grande transformação no Brasil destruiu o acordo tácito que no passado situava o conservadorismo como centro do palco das disputas ideológicas que estruturavam a direção e o sentido das mudanças de época.

O futuro que se abre parece pressupor a noção de transformação profunda e estrutural do Brasil. Para além da mistificação do fetiche da mercadoria, o processo de melhoramento social parece estar sendo encarado como superação do atraso político e estabelecimento de novas bases materiais de ancoragem do Estado digital a ser construído no Brasil.

Considerações finais

No último milênio, a população mundial foi multiplicada quase 16 vezes, passando de cerca de 500 milhões de habitantes no planeta, em 1500, para 7,8 bilhões, em 2020. No mesmo período, o Produto Interno Bruto em dólares do conjunto dos países no mundo foi multiplicado por 340, saindo do valor estimado em 250 bilhões para 85 trilhões.

Para que a população fosse multiplicada por 16 e o fluxo de riqueza anual aumentasse 340 vezes, o consumo de calorias humanas saltou de cerca de 13 trilhões de calorias ao dia para 1,6 quatrilhão. A multiplicação do consumo calórico humano em 123 vezes nos últimos cinco séculos correspondeu ao curso do projeto de modernidade ocidental.

O expansionismo europeu, inicialmente por meio do sistema colonial – do século XVI ao século XVIII, abarcando quase todos os continentes – e posteriormente através dos ciclos sistêmicos de acumulação capitalista, alcançou atualmente a totalidade global. Ao mesmo tempo, dadas as medidas monetárias da pobreza extrema que atingia quase a totalidade da população mundial no começo do século XIX, decresceu consideravelmente após 200 anos.

Também em relação à expectativa média de vida da população, constatou-se que, com a passagem para a sociedade urbana e industrial, parcela crescente de países e regiões do mundo conseguiu incorporar mais anos à vida da população.

GRÁFICO 1: MUNDO — EVOLUÇÃO DA POBREZA EXTREMA E DA EXPECTATIVA MÉDIA DE VIDA DA POPULAÇÃO MUNDIAL

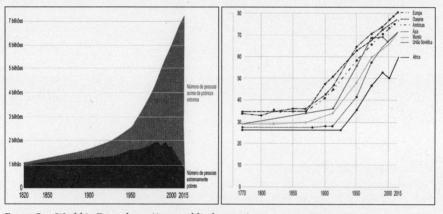

Fonte: Our World in Data <https://ourworldindata.org/extreme-poverty>.

Não obstante a força do inédito progresso das forças produtivas ao longo do tempo, capaz de avançar muito acima das necessidades humanas, as implicações negativas disso para a desigualdade e a natureza não foram desprezíveis. Isso porque se tratou de modelo de produção e consumo que nem sempre considerou a distribuição de renda e muito menos a sustentabilidade ambiental.

Ao tomar como referência o registro da temperatura do planeta contido em fontes naturais, passou-se a ter um quadro de sua evolução desde o final do século XIX. Considerando ainda o aumento da emissão de gases tóxicos, por exemplo, especialmente em face das revoluções industriais, nota-se a sua concentração na atmosfera, com impacto na elevação da temperatura média da Terra.

A dominância do paradigma de produção mecânico-químico se tornou dependente de fontes energéticas emissoras de carbono (madeira, carvão, petróleo). Comparando com o período pré-industrial, por exemplo, a temperatura média atual do planeta seria 1,5 °C superior.

Com isso, deu-se a aceleração para o novo regime climático. O Antropoceno comportaria, concomitantemente com o degelo das calotas polares e, por consequência, o aumento subsequente do nível do mar, o surto de crise virais, entre outras graves situações para a continuidade da vida humana.

GRÁFICO 2: MUNDO – EVOLUÇÃO DA COMPOSIÇÃO DA
OFERTA DE ENERGIA E DA TEMPERATURA MÉDIA NO MUNDO

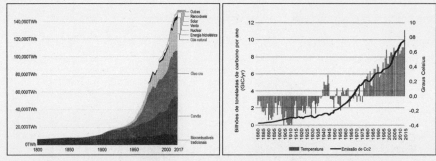

Fontes: Global Carbon Project <http://cdiac.ornl.gov/GCP> e <http://www.ncdc.noaa.gov>.

Foi nesse contexto geral de afirmação da longa marcha da modernização ocidental que os processos de transformação do Brasil pós-colonial transcorreram. Marcada pelo estabelecimento de nova época no trajeto pregresso nacional, a transformação estrutural impôs descontinuidade histórica inequívoca ao país, após mais de três séculos de dominação colonial.

Sem que oferecesse horizonte de futuro, a superação da condição colonial permitiu que a fundação da nação estabelecesse o seu próprio rumo. Também sob a dominação do modo de produção capitalista, a estruturação de classes e frações de classes sociais impôs outro rumo nacional, diferente do passado escravista e monárquico.

Da mesma forma, a passagem para a sociedade urbana e industrial definiu outra realidade nacional quando contrastada com o antigo e longevo agrarismo. Por não serem lineares, tampouco evolucionistas, as transformações estruturais contemplaram idas e vindas, expressão das lutas internas realizadas em contexto externo específico.

O mesmo acontece no curso atual da quarta grande transformação estrutural do Brasil pós-colonial. O ingresso na era digital abre novos horizontes não apenas ao Brasil, mas ao mundo todo, e se impõe diante tanto da nova Divisão Internacional do Trabalho como das tensões em torno da globalização/desglobalização.

Sobre isso, as páginas a seguir buscam oferecer uma perspectiva ampla, ainda que sintética, acerca das transformações que marcam a trajetória do Brasil nos últimos 200 anos.

Notas

[1] Hegel, 1999, p. 93.
[2] Habermas, 2000, p. 29.
[3] Giddens, 1991; Ben-Rafael & Stemberg, 2005; Dussel, 1993; Huntington, 1971; Inglehart & Welzel, 2005.
[4] Para mais detalhes, ver: Ogot, 2010; Black, 2020; Mann, 2012; Mira Caballos, 2009.
[5] Ainda que o registro seja de Cristóvão Colombo enquanto o primeiro explorador a desembarcar no continente identificado como "novo mundo", o nome de América provém do cartólogo Martin Waldseemüller, que, ao incluir as "novas terras a oeste" no mapa do mundo em 1507, homenageou Américo Vespúcio com base nos livros do navegador tratando do novo continente.
[6] A narrativa europeia da ocupação do continente americano tem sido questionada por versões da presença de outros povos não europeus, como os chineses. Sobre a versão consagrada europeia destacam-se, por exemplo, as coletâneas de Bethell (2018) e Prescott (2003), ao passo que Menzies (2006) a questiona significativamente.
[7] Galeano, 2010.
[8] As feitorias, inicialmente assumidas como entrepostos comerciais fora da Europa, tomaram a forma principal do sistema colonial na América, entre os séculos XVI e XIX, de produção para o mercado fundamentalmente metropolitano através do trabalho escravo exercido em monoculturas no latifúndio identificado por *plantation*, gerando o comércio triangular. Ou seja, havia a troca dos produtos coloniais no mercado metropolitano por armas, álcool e tecidos a serem ofertados aos mercadores africanos no tráfico escravista.
[9] Lasch, 1991; Horkheimer & Adorno, 1985; Adorno, 1992; Sorel, 1981; Benjamin, 1994; Latouche, 2006.
[10] Canclini, 2000; P. Anderson, 2007.
[11] Mariátegui, 2008; Quijano (org.), 1991.
[12] Giordani, 1991; Rinke, 2012.
[13] Anschuetz, 2007; Holanda, 2005; Franchetto & Heckenberger (org.), 2001.
[14] Gunsenheimer *et al.* (ed.), 2021; Cunha, 1992.
[15] Neves, 2006; Stone, 2015; Heckenberger, 2004.

[16] Diamond, 2005.
[17] Dussel, 1993.
[18] Clastres, 1973; Denevan, 1976; Hemming, 1978; Melià, 1986; Lopes, 2017.
[19] Tilly, 2006.
[20] Hobbes, 2000.
[21] Foucault, 2002.
[22] Arendt, 1978.
[23] Kopenawa & Albert, 2015; Krenak, 2020; Galdino, 2011.
[24] Lévi-Strauss, 1987.
[25] Novais, 1979; Beauclair, 2001; Fragoso, 1992.
[26] Beck *et al.*, 1997; Streeck, 2018.
[27] Rodriguez, 1981; Thompson, 1998.
[28] Koselleck, 2006.
[29] Arendt, 1978.
[30] Arantes, 2014; Hartog, 2017.
[31] Adorno, 2009.
[32] Harvey, 1993.
[33] Bauman, 2001.
[34] Kurtz, 1992; Streeck, 2018.

2
FUNDAÇÃO DA NAÇÃO

O rompimento das províncias luso-americanas com o Estado absolutista português em 1822 não foi um acontecimento menor. Pelo contrário. A independência marcou decisivamente a primeira grande transformação que inaugurou o período pós-colonial do Brasil, responsável pela criação da nação soberana, do Estado e das bases da identidade nacional.

Até então, a trajetória das capitanias hereditárias seguia a orientação defendida pelos interesses externos do colonizador lusitano. Por funcionarem de modo complementar, sem concorrer com a metrópole, os acontecimentos se referiam ao curso da história do Império Português.

Distante das colônias espanholas, a América portuguesa se forjou por agrupamentos territoriais semiautônomos, todos vinculados, em maior medida, com Portugal, e alguns com a África, como no caso do Rio de Janeiro. Mesmo com o inédito impulso articulador da economia escravista mineira, a integração regional era frágil, com a contida presença do mercado interno.

Por conta do contexto histórico diferente, a virada de rumo entre os séculos XVIII e XIX levou o continente americano a sua reconfiguração, através das guerras de independência nacional. Após trezentos anos de funcionamento, o sistema colonial europeu estava em crise, e sua superação passou por inéditas nações sendo criadas, algo desconhecido até então no "antigo mundo".

Destaque-se que, durante o período de colonização da América, o processo de modernidade ocidental ganhou corpo, materializado pelas grandes navegações marítimas que permitiram o "descobrimento" e a exploração econômica a fundamentar o denominado "povo da mercadoria". Nesse "novo mundo", a civilização cristã se constituiu e se ampliou, rompendo com certo insulamento que marcava os povos da época.

Assim, a montagem do sistema *plantation* de monocultura da produção para exportação na América precisou reunir o trabalho forçado indígena da região, onde foi possível, ao tráfico de escravos trazidos do continente africano. Dessa forma atendia às exigências da colonização europeia, portadora da modernidade ocidental.

Mas foi a experiência inicial da independência dos Estados Unidos que, ao romper com a situação de colônia britânica até 1776, terminou por redefinir o sentido geral da grande mudança de época experimentada pelo continente americano. Pela independência consagrada nos Estados Unidos, resultante da guerra vitoriosa pela separação da metrópole inglesa, emergiu inegável modelo novo de governança nacional.

Com a inédita instalação da República Federativa Presidencialista, com eleições nacionais para a escolha de seus dirigentes políticos acompanhadas de Constituição escrita e poderes tripartites, o "novo mundo" inaugurava experimentos na esfera política que ganhariam maior expressão anos depois na Revolução Francesa (1789). Dadas as condições predominantes no início do século XIX, o Brasil assumiu a nova condição de nação soberana emergida de intensos e fortes conflitos internos protagonizados por distintos projetos de independência existentes à época.

Em razão da dinâmica da colonização na América portuguesa, o senhorio dos grandes proprietários de terras e de escravos foi cada vez mais consolidando o mandonismo do poder local, enquanto, no plano mais alargado das capitanias, a Coroa lusitana se impunha. Embora não questionassem o Império Português, os colonos proprietários foram estabelecendo alguns laços de identidade local, fortemente preocupados com a ameaça de desordem do regime escravista.

Na prevalência da fragmentação dos poderes locais, conduzidos por colonos proprietários de terras e de escravos, coube ao conservadorismo moderno desempenhar o papel estratégico no desenrolar da primeira grande transformação nacional. Diante das revoltas populares, o respeito e a obediência à autoridade local poderiam ser questionados pela massa de escravos e demais componentes das classes inferiores, em geral.

Por isso, a independência se completou centralizada na monárquica legitimação dos poderes locais dos proprietários de imóveis e escravos. Graças ao sucesso apresentado na superação da crise do colonialismo pela independência mantenedora da unidade nacional e pela criação do Estado imperial, o conservadorismo moderno terminou se fazendo também presente nas grandes transformações subsequentes (a dominação capitalista com a abolição da escravatura, a implantação da República e a passagem para a sociedade urbana e industrial).

Em plena década de 1820, os poderes locais do senhorio proprietário nas diversas capitanias da América lusitana passaram a convergir em prol da independência nacional. Diferentemente da constelação de repúblicas difundidas pela América hispânica, a unidade das províncias em torno da criação do Estado absolutista do Império do Brasil favoreceu a consolidação dos poderes locais, o distanciamento do abolicionismo escravocrata dos britânicos e a nacionalização do comércio lusitano.

Ao longo do período monárquico, a política imperial serviu de espaço para mobilização da elite ilustrada formada na Europa ou mesmo no Brasil, nas faculdades criadas no período joanino, e que vivia nas cidades litorâneas. Ao contrário da América hispânica, a elite decorrente da colonização lusitana era mais homogênea ideologicamente, na medida em que havia sido formada nas universidades da própria Corte portuguesa, especialmente em Coimbra.

No retorno à América portuguesa, a ínfima elite luso-brasileira ilustrada era absorvida nos próprios cargos da administração colonial dispersa nas diversas capitanias.[1] Ademais de constituírem um corpo social seletivo, criavam certo sentimento de unidade em favor da monarquia e do poder centralizado a partir da identidade formativa.

De fachada liberal, a política do Brasil independente tratou mais de esconder do que de mostrar a realidade trágica herdada do colonialismo português e de atuar sobre ela. Mesmo nas cidades, sobretudo litorâneas, a elite configurava-se pela condição de proprietários de imóveis acumulados e de escravos.[2]

Talvez seja por isso que o Brasil terminou persistindo na continuidade do processo de ocidentalização trazido pelo sistema colonial europeu. Contou, para tanto, o mito nacional de país que teria um encontro assegurado com o futuro, cujo destino associado à modernização permitiria a elites e facções dos poderes locais validar o horizonte de expectativas fundado na esperança de dias melhores.

Entre os distintos segmentos sociais, ressaltaram-se os deserdados pela barbárie colonial, que, dispersos no vasto território sem regras e instituições de convivência, aguardaram por muito mais tempo o aparecimento de algum laço de identidade e pertencimento. O Império do Brasil pouco avançou nessa direção, garantido que foi pelo poder centralizado exercido pelos imperadores, sobretudo no segundo reinado de d. Pedro II (1840-1889).

Ao prosseguir nas receitas econômicas do mercantilismo, o oneroso Estado absolutista criado com a independência nacional precisou reorganizar as finanças públicas para a sequência do financiamento da família real, da aristocracia e do clero pertencentes à nação soberana. Para tanto, servia a crença de que o progresso material possível haveria de decorrer da capacidade da espera do desenlace da procissão de milagres a acontecer quase sempre pela espontaneidade proveniente da demanda exterior.

Assim, o atraso socioeconômico identificado no Império era percebido por sua elite dirigente como resultado da mera defasagem temporal, própria de toda jovem nação. A naturalização da situação existente conduziu o Estado absolutista à defesa da unidade territorial e à ampliação das fronteiras, bem como à pacificação das disputas entre os proprietários de terras e escravos, o novo corpo social que se consolidou nas distintas regiões do país.

Ao mesmo tempo e de forma lenta e gradual, as bases pelas quais o modo de produção capitalista foi erigido no Brasil não deixaram de revelar a marcha da construção da nova sociedade de classes. Nas páginas a seguir, as condições pelas quais transcorreu a primeira grande transformação estrutural no Brasil pós-colonial são analisadas.

Contexto externo da mudança de época no Brasil

Na Europa, o século XVIII ficou conhecido como "século das luzes" em virtude do pensamento iluminista, embora tenha sido o século da era das revoluções burguesas a se contrapor à aristocracia e à sua estrutura de poder monárquico assentado no Estado absolutista. Das três principais revoluções daquela época (americana, em 1776, francesa, em 1789, e haitiana, em 1791), duas transcorreram no continente americano, sendo a do Haiti a mais completa por ser anticolonial, antiescravagista e antissegregacionista em relação ao domínio da metrópole francesa.

Após três séculos de ocupação europeia no "novo mundo das Américas", o sistema colonial encontrava-se em crise por diferentes razões. Na Europa, em transição mais acelerada do feudalismo para o capitalismo, o sistema colonial demarcado pelo Exclusivo Metropolitano havia se tornado um obstáculo à necessidade de novos mercados externos de absorver os excedentes gerados pela produção de manufatura protagonizada pela primeira Revolução Industrial e Tecnológica, sobretudo na Inglaterra.

Isso porque o capital acumulado pelas atividades comerciais enriqueceu as burguesias mercantis, potencializando o desenvolvimento do capitalismo industrial. Mas esse desenvolvimento exigia periferias formadas e integradas ao novo centro europeu caracterizado tanto pelo salto tecnológico e pela introdução da moeda de curso internacional (padrão ouro-libra) como pelo predomínio militar inglês.

A vitória imposta à França em 1815 abriu uma nova avenida de possibilidades de a Inglaterra consolidar a sua posição de centro dinâmico mundial. Ao mesmo tempo, os interesses de elites nativas surgidas no interior da colonização no continente americano entravam em choque com as limitações impostas até então pelas metrópoles.

A defesa da internalização de parte maior dos resultados decorrentes da exploração econômica se impôs rapidamente a partir da segunda metade do século XVIII. Ao contrário da antiga relação comercial monopolista colonial, a independência das ex-colônias possibilitou sua integração à hierarquia do sistema capitalista ocidental em gestação no mundo na forma de países periféricos.

Na colonização da América espanhola e portuguesa, a situação das metrópoles era outra. Em vez da ascensão, a trajetória percorrida foi de declínio dos antigos reinados, especialmente o português, que se mostrou inegável desde o século XVII, com a desfavorável experiência da União Ibérica e a guerra da Espanha contra a Holanda, que tinha o controle do comércio marítimo com a Europa (1580-1640), bem como os gastos com a expulsão dos holandeses do Nordeste brasileiro (1654), acompanhados da decadência do complexo açucareiro.

Além disso, havia o crônico déficit comercial de Portugal com a Inglaterra, que se acentuou com a realização do Tratado de Methuen, de "panos ingleses e vinhos lusitanos" sem tributação (1703). O seu pagamento foi providenciado com o ouro em larga escala trazido das minas gerais na colônia do Brasil no século XVIII, o que contribuiu para financiar parcela da primeira Revolução Industrial e Tecnológica instalada na Inglaterra.

Após inegável sucesso iniciado no século XII, com a reconquista cristã, o Reino de Portugal, que foi o primeiro império global da história nos séculos XV e XVI, entrou em decadência, perdendo gradualmente as diversas colônias que havia ocupado na África, na América do Sul, na Ásia e na Oceania. As invasões e as guerras geraram instabilidades econômicas profundas, enquanto as crises de sucessão no trono português – como a de 1580, que resultou na União Ibérica, e a de 1820, que estabeleceu a monarquia constitucionalista – produziram enorme incerteza política e social.

O enfraquecimento dos impérios Português e Espanhol, que haviam protagonizado as grandes navegações nos séculos passados, expressou-se pelo desmonte do sistema colonial nas Américas. Mesmo assim, a colonização por exploração portuguesa permitiu ampliar a ocupação territorial na colônia do Brasil para além do Tratado de Tordesilhas, conforme definido em 1494 na vila espanhola de mesmo nome.

Paralelamente, a Grã-Bretanha foi se convertendo no centro do sistema-mundo capitalista, sobretudo com o fim das guerras napoleônicas (1799-1815). Mas para isso também contou com a dominação inglesa na antiga Eurásia, quando os longevos impérios, como o Hindu e o do Meio, passaram a ser integrados ao sistema capitalista.

O interesse da Grã-Bretanha pelo Oriente, sobretudo pela Índia e pela China, resultava da abundância tanto de matérias-primas a baixo preço como da população enquanto potencial de consumo da produção manufaturada inglesa. Embora a Companhia Britânica das Índias Orientais tenha exercido influência sobre o subcontinente indiano desde o século XVII, com a outorga da rainha Isabel I ao comércio oriental, a completa dominação britânica somente se realizou a partir do início do século XIX, com as vitórias militares inglesas nas guerras anglo-marata e anglo-siques.

No caso do Império do Meio, a complexidade da dominação britânica era maior, tendo em vista que, ao contrário dos indianos, os chineses resistiam ao comércio estrangeiro. A solução inglesa que resultou nas vitórias militares nas duas Guerras do Ópio (1839-1842 e 1856-1858) consolidou o domínio da ideologia do livre mercado sobre a Eurásia através do monopólio dos produtos manufaturados britânicos.

Durante os conflitos de natureza interimperial, dominantes na Europa, o mercantilismo foi cedendo lugar à emergência do sistema-mundo capitalista hegemonizado pela Inglaterra. Nesse sentido, a aliança estabelecida no início do século XIX entre a Coroa lusitana e o Império Inglês, responsável pela derrota da poderosa França de Napoleão Bonaparte, trouxe novidades motivadoras ao processo de independência nacional, rompendo com a metrópole europeia.

Em plena consolidação do moderno sistema-mundo capitalista centralizado na Europa, coube à Inglaterra liderar o período histórico dos cem anos de dominação (1815-1914). A partir de quatro instituições (o sistema de equilíbrio de poder assentado na força militar, no padrão monetário internacional libra-ouro, no mercado autorregulável e no Estado mínimo), o liberalismo se espraiou pelo mundo da modernidade ocidental.[3]

Como saída para a crise do antigo colonialismo europeu, a primeira grande transformação estrutural, representada pela independência do Brasil, perseguiu, ainda que periférica e tardiamente, a integração ao novo e dominante sistema capitalista de dimensão mundial. Mesmo que ainda mantido, o trabalho forçado estendido pelo Império do Brasil diferenciou-se daquele do período colonial, mediante a dinâmica de integração funcional ao capitalismo industrial liderado pela Inglaterra.

A ambiguidade do sistema capitalista no século XIX permitiu que em determinadas regiões do mundo houvesse o declínio da escravidão, enquanto em outras o trabalho forçado fosse ressignificado no cenário internacional, com o tráfico negreiro atingindo, em pleno século XIX, uma dimensão jamais conhecida até então.[4] Os casos de Brasil, Estados Unidos (na parte sul) e Cuba constituíram a denominada segunda escravidão, que atendeu ao formato capitalista da demanda internacional, sobretudo inglesa, pela superespecialização da produção de *commodities* agrícolas da época (café, algodão, açúcar e outras).

No cenário externo, mais precisamente na Europa Ocidental, o novo curso histórico que se instalou mediante a passagem do capitalismo comercial para o industrial foi acompanhado pela substituição do Estado absolutista pelo Estado liberal. Foi dessa forma que o colonialismo tradicional, dependente da escravidão para manter o mercantilismo assentado no exclusivismo comercial da colônia com a metrópole, tornou-se disfuncional.

Com a emergência do sistema capitalista, os pressupostos do seu funcionamento passaram a ser outros: a liberdade do comércio externo, a difusão da mão de obra livre e a ordem interestatal de organização política e administrativa interna. Em declínio, os impérios ibéricos dependiam crescentemente da maior exploração de suas colônias, resistindo como podiam ao movimento das mudanças no interior da própria Europa Ocidental.

Herança colonial na formação nacional

A condição de colônia foi, por mais de três séculos, a negação da existência do Brasil. Tanto assim que, para não cometer um anacronismo interpretativo, considera-se que a situação colonial não constitui parte da história do Brasil, que, de fato, ainda não existia, salvo como componente da história do Império Português.

A independência do Brasil, constitutiva do Estado autônomo de identidade nacional, marcou em definitivo o fim do sistema colonial europeu que se sustentava por formas distintas de exploração e ocupação do continente americano. Dos dois tipos principais de colonização, um era o de povoamento, conforme observado nas regiões de área temperada, como no norte do continente americano, e o outro de exploração, predominante na maior parte do continente meso e sul-americano.

A colonização de povoamento, mesmo que constituída por segmentos sociais compostos de deportados, exilados e perseguidos religiosos, entre outros, manteve aceso o desejo da prosperidade associado à reprodução local da forma de vida pregressa da metrópole. A valorização do trabalho livre e familiar em pequenas propriedades favoreceu o consumo local e o investimento interno, enquanto a contínua transferência da arrecadação tributária para a metrópole motivou precocemente os anseios de autonomia e emancipação no interior da colônia.

Na colonização de exploração, a ocupação mostrou-se, muitas vezes, temporária para muitos dos diferentes segmentos sociais, atraídos pela prosperidade imediata e o retorno à metrópole o mais rápido possível, uma vez que suas famílias permaneciam residindo na Europa. O desapego ao consumo e aos investimentos internos lastreou a organização da produção de monoculturas em grande escala para o mercado externo. Isso se dava através de gigantescas propriedades que, sem valorizar o trabalho, somente eram eficientes para transferir lucros à metrópole pelo sistema de *plantation*, caracterizado pela produção de monoculturas em grande escala e pela escravidão.

De certa forma, a exaustão colonial imposta pelo esgotamento da exploração do ouro nas minas gerais ao final do século XVIII foi acompanhada por uma longa decadência econômica, cada vez mais associada internamente ao domínio português. Isso porque a fase econômica expansiva do ouro havia possibilitado certa ocupação territorial no interior de veredas do grande sertão, cujo diferencial estava na diversificação produtiva e em certo uso do trabalho livre.

Até então, o passado do comércio externo se encontrava associado à exploração do pau-brasil e do açúcar no latifúndio escravista canavieiro pertencente à região Nordeste da colônia portuguesa. Com o expansionismo da mineração dos metais preciosos mais ao centro do território da colônia, importantes conexões territoriais ocorreram com alguma diversificação econômica.

Em função disso, e à margem dos negócios da metrópole lusitana, a atividade extrativa, por não ser autossuficiente, dependeu de certo grau de monetização, especialmente no pagamento de gastos com transporte e serviços adotados pelo comércio interno de bens diversos e alimentação providenciada por pecuária e excedentes da agricultura de subsistência.

Durante o apogeu da mineração, o consumo interno tornou-se mais evidente, ainda que de menor escala se comparado à demanda externa, indicando o potencial de êxito que havia na empresa agrícola não totalmente vinculada à condição de colônia portuguesa.

Nesses termos, o deslocamento da sede do Império Português para a sua maior colônia aconteceu em pleno descenso da exploração dos metais preciosos. Ademais de inusitado, o conjunto de expectativas geradas com a chegada da família real pelo senhorio proprietário de escravo foi sendo frustrado por decisões de d. João VI.

Primeiramente houve a insatisfação interna produzida entre os comerciantes da colônia em relação ao fim do exclusivismo metropolitano. O fim do monopólio português das exportações imposto à colônia desde a "abertura dos portos", em 1808, permitiu que os ingleses começassem a assumir o protagonismo nas trocas internacionais de mercadorias.

Na mesma medida, gerou desgosto entre os proprietários de escravos o Tratado de Amizade e Aliança estabelecido em 1810 por d. João VI com a Grã-

-Bretanha. A partir disso, a questão da escravidão apareceu na agenda política como um possível problema, o que afetava o riquíssimo negócio do tráfico negreiro.

No âmbito da colonização por exploração do Brasil, as capitanias hereditárias seguiram funcionando como ilhas de dinâmicas próprias, constitutivas do arquipélago de enclaves econômicos submetido ao frágil governo geral conectado diretamente à metrópole. Assim, as elites locais tendiam a se identificar, em geral, com os interesses lusitanos, mesmo que abalados com a permanência da família real no Rio de Janeiro entre 1808 e 1821.

Contando com cerca de 15 mil pessoas formadas por funcionários públicos civis e militares, prestadores de serviços da Corte e outros, o governo central do Império Português instalado na colônia do Brasil parecia seguir o exemplo da formação do Reino Unido da Grã-Bretanha do século XVIII. Os 13 anos da presença de d. João VI na colônia foram suficientes para favorecer o ingresso do Brasil na era industrial.

A elite interna constituída pelo novo corpo social associado às instituições de governança e burocracia estatal, instaladas durante a presença da família real (Academia Real Militar, Banco do Brasil, Casa da Moeda, imprensa, Biblioteca Real, Jardim Botânico e outros), fazia do Brasil um importador crescente de bens industriais da Inglaterra. E, por mais de um século, considerando o período entre 1808 e 1930, o consumo dos produtos da era industrial, exclusivo da elite interna, foi financiado pelo modelo primário-exportador.

Ressalte-se que, com a derrota da França para a Inglaterra na Batalha de Waterloo (1815), o Congresso de Viena reconfigurou a geopolítica ocidental. Com isso, d. João VI alterou a condição do Brasil de colônia para Reino Unido do Brasil com Portugal e Algarves, em 1815.

Tudo isso, contudo, ficou ameaçado com o fim do período joanino (1808--1821), colocando em risco a perda de certos privilégios econômicos locais. O regresso do Brasil à condição de colônia, reivindicado em Portugal desde a Revolução do Porto, em 1820, estimulou o senhorio proprietário de escravos e os comerciantes a se mobilizarem em torno do rompimento com a metrópole lusitana.

Em acordo com esse novo corpo social, o Brasil emergiu como nação, seguindo a experiência da monarquia constitucional independente experimentada no México em 1821 (Tratado de Córdoba). Mas, ao contrário dos mexicanos, que se notabilizaram pela existência de dois curtos períodos de governos monárquicos (Agustín Iturbide, 1821-1823, e Maximiliano da Áustria, 1864-1867), o Império do Brasil durou 67 anos.

O desligamento formal com Portugal, forçado pela independência nacional, criou a oportunidade da fundação de uma nação soberana, desvencilhada dos constrangimentos e obstáculos impostos pela submissão ao sistema colonial. Nesse sentido, a constituição do Reino do Brasil, mesmo significando a descontinuidade histórica com o passado, apontou para a sequência do projeto de modernidade ocidental.

A maioria política durante o Império foi constituída pelos colonos proprietários de escravos e comerciantes. Nota-se, portanto, que a independência nacional não se realizou contra o colonizador, tampouco foi efetivada pelo colonizado, que, imobilizado pela exploração colonial, praticamente a quase tudo assistiu.

Isso porque o sujeito social protagonizador da primeira grande transformação formadora do Brasil foi o colono constituído fundamentalmente por brancos imigrantes. Em geral, esse era um corpo social, que, conformado por proprietários de terras e de escravos ao longo do passado colonial, não se identificava com a cultura do colonizador nem com a do colonizado.

Uma espécie do Macunaíma imaginado posteriormente por Mário de Andrade permitiria sintetizar a original formação da identidade nacional, cuja personalidade seria a de caráter geral incaracterizável. Na condução imperial, a soberania da nação e o Estado absolutista em construção foram os diferenciadores do período colonial, embora sem se distanciar da dependência da escravidão, que passou, por decisão nacional, a se conectar com a funcionalidade do sistema capitalista mundial (segunda escravidão).

Na complexa fundação da nação destacou-se a capacidade de encontrar soluções perante a fragmentação dos interesses internos; houve também a convergência do processo de independência nacional de congregar, sempre que possível, tanto dissidentes separatistas como facções republicanas, monarquistas e federalistas dispersas entre as capitanias.

O risco de explosão das guerras durante o processo de independência era real em várias capitanias. A ausência de sentimento nacional foi evidenciada pela força da diversidade de movimentos separatistas pré-fundação da nação, como a Inconfidência Mineira (1789), as conjurações Fluminense (1794), Baiana (1798) e dos Suassunas no Recife (1801) e a Revolução Pernambucana (1817).

Dos vários projetos políticos interessados no abandono da condição colonial que estavam em disputa desde a década de 1810, alguns mobilizaram atenções. Destaca-se, sobretudo, a proposição portuguesa da retirada do Brasil da condição de Reino Unido, com a transferência da sede do Rio de Janeiro para Lisboa e a imediata recolonização da América lusitana.

Diante disso, por exemplo, difundiam-se variados projetos a demarcar a disputa do sentido da grande transformação estrutural: (i) a manutenção do Reino Unido de Portugal, Brasil e Algarves, por d. João VI; (ii) a independência nacional com a monarquia constitucional conduzida pelos Braganças portugueses, por José Bonifácio; (iii) a independência com a Constituição de inspiração republicana, por José Clemente Pereira; (iv) a independência do Brasil com anexação de Angola, por Sá de Bandeira, entre outros.[5]

Sem repetir a difusão das independências fracionadoras do antigo território colonial, conforme estava em curso na América hispânica, a saída compulsiva adotada na época pela independência nacional se viabilizou pelo autoritarismo monárquico, herdeiro da linhagem portuguesa. Na construção do Estado absolutista, tendo se aproveitado do esqueleto apurado do período joanino, prevaleceu a centralização imperial com o mandonismo local.

Com isso, a força bruta dos poderes locais dispersos e descentralizados teve que ceder gradualmente o exercício privado da violência com a perspectiva do monopólio estatal da violência. A criação da Guarda Nacional, em 1831, consolidou a milícia armada dirigida pelas personalidades ricas (patente de coronel).

Em cada município, o exercício do papel do Estado de garantir a ordem e a defesa dos interesses privados se dava sob o controle do líder local. Com o Código do Processo Criminal de 1832, por exemplo, o poder local se manteve compartilhado por autoridades judiciária e policial.

Diante da possibilidade de levantes populares, a repressão seguiu organizada a partir dos grandes proprietários de terras e escravos em cada localidade. Ao Estado, cabia a função adicional da repressão a qualquer forma de rebeldia.

Pela construção do Estado unitário e do parlamentarismo com a presença do poder moderador pelo monarca, as demais regras e instituições públicas, algumas de fachada liberal, foram sendo institucionalizadas.

Para não embaraçar a sequência da escravidão, mesmo que renovada pela independência nacional, o país seguiu produzindo riqueza assentado no comércio externo.

Nesse contexto, o apoio do imperador ao movimento dos proprietários de terras e escravos e dos comerciantes de mercadorias, sobretudo de escravos, mostrou-se essencial para aturar a crescente pressão derivada do abolicionismo inglês. A monarquia, assim, caracterizou-se por postergar ao limite o uso do trabalho forçado no Brasil, até o ponto em que cedeu, ocasionando o seu próprio fim.

Além disso, o Império atuou também na tentativa de construir a identidade nacional. As forças repressivas militares, em acordo com as milícias dos poderes locais, fundamentaram-se na garantia da ordem latifundiária e escravocrata no território nacional.

Os conflitos separatistas provinciais entre as décadas de 1830 e 1840 eram obstáculos a serem superados em nome da integralidade territorial. Da mesma forma, correspondiam ao processo de coesão social interno no país, que acabara de se tornar independente.

No cenário interno da fundação da nação, a repressão a todos os movimentos sociais que pudessem colocar em risco a ordem monárquica explicitou a cultura da violência estatal presente na formação da identidade nacional. A partir da década de 1830, com o período regencial, por exemplo, a criação do Instituto Histórico e Geográfico Brasileiro no Rio de Janeiro converteu-se num dos poucos esforços do Estado absolutista em torno da constituição dos registros nacionais e da promoção da identidade brasileira.

Também a literatura se constituiu num dos elementos cruciais para a formação da identidade nacional, voltada especialmente para as belezas naturais e indígenas. Dadas a dimensão continental da nação e a forte heterogeneidade na ocupação territorial, as artes literárias tiveram importância na expressão da diversidade das culturas regionais.

Por outro lado, a estrutura herdada do Império Português prevaleceu como legado na constituição do Estado imperial no Brasil. Nesse sentido, o controle monárquico posto em marcha contava com a solidez do colono proprietário.

Intermediada pela condução das forças políticas vinculadas ao conservadorismo moderno, a primeira transformação estrutural do Brasil se consolidou, mesmo diante das fraturas expostas entre as diferentes forças reacionárias e revolucionárias que não deixaram de disputar o sentido da mudança daquela época.

A presença do mercantilismo, mantida em meio à gradual e longeva transição ao capitalismo, foi possível em aliança com os acionistas ingleses. A estrutura institucional e política do Império buscou assegurar o controle dos poderes locais, enquanto abria espaço para a atuação das elites ilustradas urbanas.

Da mesma forma, a operação política conduzida pelos presidentes de províncias, todos indicados pelo poder moderador, representado pelo monarca, garantiu também, mesmo sob a evolução turbulenta, o protagonismo do conservadorismo moderno. A convergência partidária entre liberais e conservadores era expressão do pacto eleitoral viciado em fraudes, pois inclusivo dos interesses da oligarquia primário-exportadora durante o período imperial.

Sentido da fundação da nação

A criação de uma diversidade de Estados nacionais no interior do continente americano durante o século XIX resultou da solução encontrada localmente para superar a crise do antigo regime colonial e avançar em direção ao modo dominante de produção e distribuição capitalista. Mas isso não significou o imediato desaparecimento das heranças coloniais.

A fundação da nação não se fez simples, uma vez que o abandono da mentalidade dominante do passado pressupunha construir convergência diante da diversidade de interesses internos entre reacionários, conservadores e revolucionários. Exemplo disso foi a definição de outra maioria política no Império, assentada na permanência da escravidão, do latifúndio e da produção de monoculturas para exportação.

Em função disso, o Brasil demorou 66 anos a partir da proclamação da independência para abolir a escravatura. No caso chileno, por exemplo, apenas cinco anos separaram a independência nacional do fim do trabalho forçado, enquanto Cuba demorou 18 anos, o México, 19 anos, o Peru, 34 anos e a Argentina, 43 anos.

A situação mais longeva aconteceu nos Estados Unidos, que precisaram de 89 anos após a independência para conseguir pôr fim à escravidão. Para que houvesse a libertação de cerca de quatro milhões de escravos que ainda restavam no país ocorreu a gravíssima Guerra de Secessão, que, entre 1861 e 1865, ocasionou a morte estimada de 3% do total da população do país na época.

No caso brasileiro, convém destacar a capacidade interna de construir convergência política capaz de viabilizar a fundação da nação, evitando a fragmentação do território, sem a proliferação de novos países menores. Das quatro principais metrópoles colonizadoras do "novo mundo" desde o século XVI, por exemplo, o Brasil foi o único país que saiu da crise do sistema colonial europeu mantendo a unidade territorial que havia sido constituída anteriormente na América portuguesa.

Nos casos das colônias britânicas, francesas e espanholas, o processo de independência foi acompanhado da conversão de múltiplas unidades nacionais. Tudo isso gerou desgastes internos profundos decorrentes dos conflitos e guerras gerados pela definição das fronteiras geográficas dos novos Estados nacionais.

O Brasil também pareceu se distinguir dos demais processos de independência no continente americano, pois, fora as questões platinas, registrou um conjunto de quatro guerras (Cisplatina, 1825-1828; do Prata, 1851-1852; do Uruguai, 1864--1865; e do Paraguai, 1864-1870). De maneira geral, a definição da extensão territorial se conformou com base na negociação e na diplomacia.

Não bastasse essa especificidade na construção nacional, o Brasil se destacou também por ser um dos poucos a manter o nome vinculado à primeira *commodity* que inaugurou o comércio com a metrópole portuguesa, o pau--brasil. Diferentemente da metrópole, o Brasil seguiu com o escravismo por certo tempo, assim como implementou o federalismo pela República desde o final do século XIX. Já Portugal manteve o Estado unitário, sem ter experiência do escravismo, ainda que registrasse no seu passado a presença de escravos.

Durante o período colonial, a primazia da ausência de projeto de transformação em nação resultou na formação de verdadeiro arquipélago de enclaves econômicos dispersos nas capitanias. O conjunto de feitorias herdadas da exploração primário-exportadora da metrópole permaneceu por longo prazo parcialmente articulado desde a exploração do ouro nas Minas Gerais.

Por isso, talvez, importantes movimentos internos separatistas, como os ocorridos nas capitanias de Minas Gerais (Inconfidência Mineira em 1789), da Bahia (Conjuração Baiana ou Revolta dos Alfaiates em 1798) e de Pernambuco

(Revolução Pernambucana ou dos Padres em 1817), não apresentaram perspectiva nacional, mas fundamentalmente local/regional. Diante disso, o Estado nacional e a unidade territorial foram construídos pelo Império do Brasil, exposto ao verdadeiro equilíbrio perverso ao longo do século XIX.

De um lado, havia a força externa do movimento de configuração periférica imposta pela dominação do centro inglês, assentado na modernidade do sistema capitalista no mundo. De outro, a força interna exercida pelo novo corpo social constituído pela dominação dos senhores proprietários de escravos e imóveis a sustentar econômica e politicamente o próprio Império do Brasil.

Para tanto, a escravidão, que estava em baixa antes da independência nacional, por exemplo, foi motivada e mantida por mais 66 anos. Desse total, os primeiros 28 anos consistiram em lucrativos negócios com o tráfico negreiro (1822-1850), ao passo que os 38 anos subsequentes se reproduziram internamente pelo comércio de escravos entre as províncias (1850-1888).

A independência nacional, enquanto mobilização de parcela dos residentes nas províncias do Brasil, pode ser associada à revolução vitoriosa que permitiu tanto a separação da metrópole portuguesa como o surgimento de uma nova nação. O Império do Brasil avançou pela criação do Estado, bem como pelas tentativas de formação da identidade nacional.

Em pleno período monárquico, a longa e gradual marcha da internalização do modo de acumulação capitalista consolidou as bases da nova sociedade constituída pelo "povo da mercadoria" em substituição à antiga e originária população ameríndia. Nesse sentido, a primeira grande transformação estrutural do Brasil não contemplou a possibilidade de convivência do modo de vida econômico com a sustentabilidade ambiental, conforme experiência pré-colonização europeia.

O período relativo aos anos de 1808 a 1831 correspondeu à aceleração do tempo histórico, revelando o quanto a primeira grande transformação nacional terminou por consolidar o poder dos proprietários de escravos e de imóveis. Com o novo corpo social constituído predominantemente por homens brancos e livres, a exploração da natureza disponibilizada no território nacional ganhou maior impulso, praticamente sem limites.[6]

Durante as quase sete décadas de sua existência, o Império do Brasil praticamente não alterou a ordem social proveniente do trabalho forçado.

Permitiu, assim, que a base econômica herdada do colonialismo português seguisse financiando o tripé da sociedade agrária (família real, nobreza e clero).

No Estado absolutista, a mudança de época promovida pela independência nacional impactou as instituições escravistas, submetidas ao domínio senhorial dos proprietários. Isso pode ser constatado desde a busca recorrente pela liberdade até os arranjos com os próprios proprietários que resultaram em complexas relações sociais de dependência e resistência, inclusive com a expansão de homens livres na ordem escravocrata.[7]

Para além das implicações sobre a ordem social, também ganhou destaque a novidade imposta pelo regime de governo posto em marcha através de uma monarquia constitucional. Com regras escritas e sistemas de dimensão nacional sendo instalados, as instituições próprias do Estado, bem como as escassas e precárias organizações da nascente sociedade civil, começaram a vir à tona.

Os novos poderes monárquicos instaurados (moderador, judiciário, legislativo e executivo) e outras instituições estabelecidas nas províncias – como escolas, direitos civis e políticos, partidos, entre outros – concederam nova e significativa dimensão nacional. A coluna vertebral do Estado português, que havia desembarcado concomitantemente com a família real em 1808, terminou sendo aproveitada, adaptada ao novo contexto da fundação da nação.[8]

Com a chegada da família real à principal colônia do Império Lusitano, surgiram novas oportunidades até então desconhecidas, com o abandono de dois dos três elementos fundantes do sistema colonial europeu. Destacaram-se, assim, o fim do exclusivismo comercial decorrente da abertura dos portos às "nações amigas", entenda-se a Inglaterra, estabelecido em 1808, e a assinatura do Tratado de Amizade e Aliança de d. João VI com a Grã-Bretanha, de 1810, que apontou limites crescentes à escravidão.

Também se pode considerar o movimento de internalização do Estado absolutista português na colônia, possibilitado pela transferência da estrutura administrativa de Lisboa e pela transformação da cidade do Rio de Janeiro em sede do Império Português.

Por aí, começou a longa fase de proibição do tráfico negreiro, que duraria no Brasil até o ano de 1850. Com a disponibilização de 10% de toda a sua esquadra marítima, a Inglaterra contribuiu para que a decisão nacional sobre a ruptura com o comércio escravista de negros africanos ocorresse.

Por outro lado, o período joanino de 13 anos (1808-1821) constituiu uma via distinta dos processos de descolonização que se encontravam em curso em todo o continente americano, iniciados no ano de 1776, com a guerra pela independência dos Estados Unidos, passando pela Revolução no Haiti, em 1789, e no Paraguai, em 1811.

Além da abertura comercial e da ambientação do reinado no Rio de Janeiro, o príncipe regente e futuro rei de Portugal, d. João IV, elevou a condição do Brasil de vice-reinado colonial, estabelecida em 1763, para a de reino autônomo, em 1815. Conformou-se, assim, a experiência lusitana do Reino Unido de Portugal, Brasil e Algarves, inspirado, talvez, na exitosa experiência do Reino Unido da Grã-Bretanha e Irlanda de 1800.

A transferência do centro do Império Português para o Rio de Janeiro, embalada pela Revolução Liberal e Antiabsolutista do Porto (1820), congregou diversas insatisfações lusitanas por parte da nobreza, de militares e de populares. Naquela oportunidade, o conjunto dos movimentos internos em Portugal exigiu uma Constituição escrita que permitisse manter o poder da monarquia com limites.

Por outro lado, a imposição do retorno imediato da Corte instalada no Rio de Janeiro para Portugal levou à recolonização do Brasil, isto é, à regressão à condição de apenas mais uma colônia lusitana, entre tantas outras existentes.

As consequências disso no Brasil foram imediatas, repercutindo negativamente nas mais diversas capitanias da época. Tanto assim, que as circunstâncias especificamente internas na América portuguesa ficaram por demais atribuladas.

Além do desconforto gerado pela contração da economia mineira desde o último quartel do século XVIII, avançava certa desarticulação interna do sistema colonial português. O declínio dos negócios e a expansão das áreas de subsistência demarcaram o horizonte de expectativas coloniais.

Além da retração dos lucros com o comércio externo, o retorno econômico com o tráfico de escravos era crescentemente instável. Diante do movimento favorável à libertação da escravidão na América espanhola, bem como dos acordos de Portugal com a Inglaterra, a situação financeira se tornou crítica.

No caso da governança colonial, o crescimento do endividamento do Império Português ficou ainda mais dramático com o retorno de d. João VI. Em 1821, por exemplo, as reservas depositadas no Banco do Brasil, além de caixas contendo diamantes, ouro e demais pedras preciosas pertencentes à colônia, foram transferidas para a metrópole lusitana, levando à quebra do próprio banco brasileiro.

Percebe-se, portanto, que o contexto geral da independência nacional emergiu como reação local às pretensões de Lisboa, especialmente do senhorio proprietário instalado em diversas capitanias e da elite ilustrada. Ao mesmo tempo, a saída financeira do endividamento permitia a preparação interna à possível guerra de independência contra Portugal mediante a compra de navios e a contratação de oficiais e marinheiros mercenários.

Nesse esforço, o país surgia já endividado, fato que o acompanharia por muito tempo, e dependente de bancos estrangeiros, sobretudo ingleses. Para evitar que a independência evoluísse para os republicanos, conforme ocorrido em praticamente todos os demais processos de criação do Estado nacional no continente americano, d. Pedro I se somou aos senhores proprietários e comerciantes de escravos, acompanhado da elite ilustrada, para romper com a metrópole portuguesa.

Dessa forma, a prevalência da monarquia constitucional se deu pela via da independência com menos riscos, conduzida pelo movimento do conservadorismo moderno. Diante da crise que marcava o sistema colonial europeu na virada do século XVIII para o XIX em pleno continente americano, a independência do Brasil se mostrou exitosa.

Em grande medida, o movimento de descolonização aberto desde a emancipação das antigas colônias britânicas a partir da década de 1770 correspondeu, no Brasil, à simultaneidade das novas circunstâncias externas sobre as internas. A proclamação da independência nacional que estendeu o horizonte temporal da monarquia por 67 anos pode ser dividida em duas distintas fases.

A primeira fase, de luta pela autonomia nacional, voltou-se à estruturação e à consolidação interna e externa do Império do Brasil. Durante quase toda a primeira metade do século XIX, a nova nação procurou viabilizar o Estado e a identidade nacional.

De imediato, a defesa da independência nacional levou ao reconhecimento internacional realizado, em 1823, pela Argentina, seguido, em 1824, pelos Estados Unidos, que já em 1823 aprovaram a Doutrina Monroe enquanto princípio diplomático ("A américa para os americanos") contrário à intervenção europeia e favorável à sustentação da soberania das nações. Em 1825 o México e a França também reconheceram a nova nação brasileira. Portugal somente aceitou a independência nacional em 1825, mediante o pagamento de 2 milhões de libras e a preservação do título de imperador honorário do Brasil a d. João VI, que ainda vislumbrava reunificar os dois países em uma só Coroa do Reino Unido.

Após a definição de reconhecimento do Império Português, a Inglaterra também se manifestou favorável em 1825, seguida pelos demais países que terminaram acolhendo o Brasil como uma nova nação soberana. Mas, em relação à Inglaterra, centro dinâmico do capitalismo mundial, as concessões brasileiras foram ainda maiores.

Além de contrair imediatamente empréstimo para proceder o pagamento da dívida com Portugal – que era, na realidade, o próprio débito lusitano com a Inglaterra na época –, o Império do Brasil seguiu dependendo dos bancos ingleses para atender à demanda interna por produtos industrializados importados. Ao mesmo tempo, teve que restabelecer a política livre-cambista com taxa alfandegária rebaixada de 24% para 15% para a Inglaterra e, depois de 1828, ampliada para todas as demais nações do mundo, o que limitou consideravelmente as receitas fiscais do Império.

Mesmo assim, a Inglaterra seguiu excluindo, em parte, do seu mercado interno as mercadorias brasileiras, toda vez que houvesse similares produzidos pelas colônias inglesas. Somente duas décadas depois o Brasil terminou revendo suas tarifas alfandegárias com a reforma de 1844 que definiu a tarifação externa variando de 2% a 60% para o conjunto de três mil artigos importados.

Ainda que o objetivo fosse o enfrentamento da desordem fiscal do Império, com a ampliação da arrecadação governamental, a nova iniciativa teve impacto protetivo, estimulando a produção nacional. Como a sustentação das finanças públicas no regime monárquico dependia fundamentalmente da arrecadação do tributo sobre importação, não era surpresa que a oneração das compras externas melhoraria a situação das contas públicas no Brasil.

Mas a Inglaterra reagiu fortemente à maior taxação de seus produtos. Em 1845, por exemplo, o parlamento inglês promulgou nova legislação autorizando a Marinha britânica a perseguir navios negreiros, inclusive dentro dos portos brasileiros (Bill Aberdeen).

Com isso, teve início a segunda fase de luta no plano interno pela defesa da independência nacional. Para isso, a criação do Estado absolutista permitiu à monarquia atuar diante da diversidade dos conflitos internos.

Os movimentos separatistas provinciais foram intensos, diversos e com longo tempo de duração. Fosse contrário à independência nacional ou em apoio a Portugal, fosse favorável à independência, porém em oposição à monarquia, por republicanos, ou ao centralismo monárquico, o separatismo precisou ser enfrentado, pois ameaçava a unidade territorial.

Em síntese, a primeira grande transformação no Brasil resultou de um processo político confuso e inseguro, marcado por violência e muitas mortes decorrentes das disputas abertas em torno do sentido da mudança de época.

Das 18 capitanias existentes em 1822, cinco delas resistiram mais fortemente à separação do Império Português (Grão-Pará, Maranhão, Piauí, Bahia e Cisplatina). Por quatro anos, o Estado imperial em formação combateu, em solo brasileiro, as resistências internas por parte das tropas portuguesas.

A guerra civil luso-brasileira somente foi superada em 1825, com o reconhecimento de Portugal, seguido por Inglaterra, da nova nação soberana. Os confrontos armados entre as forças leais a d. Pedro I e as forças vinculadas ao Império Português ocorreram em diversas capitanias, envolvendo aproximadamente 70 mil militares em combate, o que equivaleu a cerca de 1,6% da população da época.

Na Guerra do Paraguai (1864-1870), o maior conflito armado externo de que o Brasil participou, esteve envolvido um contingente de 150 mil militares, o que significa 1,5% do total da população da época. Na Segunda Guerra Mundial (1939-1945), a presença brasileira foi de 25 mil soldados, o que representou, naquela oportunidade, 0,05% da população nacional.

Nos conflitos de fundação da nação, o Império recém-criado mobilizou a aquisição de armamentos, bem como a fabricação de armas e navios, recrutando tropas nacionais e mercenários estrangeiros. Dessa forma, tornou possível levar avante as iniciativas defensivas e repressivas que expulsaram e confiscaram o patrimônio de todos aqueles que se puseram contrários à independência nacional.

Como efeito da revolta liberal ocorrida na cidade do Porto (1820), em Portugal, algumas capitanias mais vinculadas ao Império Lusitano se desgarraram do projeto de d. João VI do Reino Unido de Portugal, Brasil e Algarves. Ressalte-se o caso de Grão-Pará, que somente voltou a se integrar ao Brasil em 1823. Também em Minas Gerais, especialmente na região de Ouro Preto, teve importância a Revolta de Escravos de Lavras, ainda em 1821, cujas reivindicações passavam por uma nova Constituição que estabelecesse a igualdade entre brancos e negros.

Três anos depois, em 1824, eclodiu a Confederação do Equador, mobilizada por ideias iluministas e republicanas, contrárias à monarquia instalada no Brasil. Sete anos antes, a Revolução Pernambucana de 1817 já havia sido contrária ao domínio da colônia pela monarquia portuguesa, ao passo que o movimento da Confederação do Equador se opunha à monarquia no Brasil independente, contando com o apoio das províncias de Pernambuco, Paraíba, Rio Grande do Norte e Ceará.

Entre 1835 e 1840, a revolta popular chamada Cabanagem, na província do Pará, reivindicava a independência da região. A insatisfação por parte dos poderes locais com a política de subordinação provincial ao centralismo monárquico foi um dos principais gatilhos que impulsionaram as diversas revoltas regionais.

Quase que simultaneamente, a Guerra dos Farrapos, ocorrida entre 1835 e 1845 na província do Rio Grande do Sul e alastrada para Santa Catarina, chegou a criar a República Rio-Grandense (1836-1845) e a República Juliana (1839). Novamente, o descontentamento oligárquico com o centralismo monárquico impulsionou o movimento separatista na região Sul em busca da formação de outro país.

Na província da Bahia, três movimentos de rebeldia se destacaram entre 1832 e 1838. Nos anos de 1832 e 1833, a Revolta Federalista se instalou nas vilas de São Félix e Cachoeira em busca da emancipação local, movida pelo exercício autonomista de um governo provisório em busca do ideal republicano.

Na cidade de Salvador, antiga capital, que na década de 1830 possuía 40% do total de sua população – estimada em 65 mil habitantes – composto por escravos, o levante teve grande repercussão, ameaçando a estabilidade escravocrata do Império.

Após dois anos, em 1837, uma nova revolta autonomista ganhou importância na província da Bahia. Também estimulada pelo ideário republicano, a denominada Revolta Sabinada proclamou a República Baiana em luta pelo separatismo do Império do Brasil.

Na província do Maranhão, entre 1838 e 1841, o levante popular denominado Balaiada exigiu a intervenção das forças militares do Império. Em grande medida, a revolta esteve associada ao distanciamento das políticas do Estado monárquico em relação aos problemas sociais, especialmente agravados pela crise gerada na produção de algodão diante da retomada das exportações do mesmo produto pelos Estados Unidos.

A última revolta separatista significativa, considerada a maior insurreição interna do Império, transcorreu no Nordeste, mais precisamente na província de Pernambuco, ao final da década de 1840. A Revolução Praieira (1848-1850) levantou a questão liberal diante da estrutura partidária do Império, que confirmava a prevalência da concentração da terra e do poder político local nas mãos dos grandes proprietários, validada pelo Estado imperial.

Considerações finais

De tudo isso, percebe-se que a primeira grande transformação estrutural do Brasil pós-colonial não resultou de processo espontâneo de independência nacional. Tampouco correspondeu ao desfecho natural da crise do sistema colonial europeu.

Embora o trabalho forçado tenha sido mantido, ele terminou sendo reconfigurado por vontade das forças internas dominantes. Ao ser funcional à inserção do Brasil no sistema capitalista mundial, operou na forma de uma segunda escravidão, que envolveu os Estados Unidos e Cuba ao longo do século XIX.

Pelo fato de o Brasil não ser um corpo unitário, nem mesmo existir previamente, o sentimento de nacionalidade, ainda que pudesse haver algo no plano local, somente se desenvolveu após a luta de brasileiros contra Portugal. Na elite, muitas vezes, a identificação e o sentimento eram mais próximos dos interesses da metrópole.

Apesar de ter sido realizada conjuntamente com o movimento de superação da crise do sistema colonial europeu, a criação do Estado nacional não se incorporou plenamente à totalidade do Tratado de Westfália (1648). Embora estivesse engajada nos princípios da soberania interna com igualdade formal entre os Estados nacionais e a não intervenção territorial, não houve separação da Igreja em relação ao Estado absolutista; além disso, foi mantido o financiamento público da realeza, da nobreza e do clero pelo Império.

Mesmo sendo uma monarquia constitucional, o Brasil adotou, com restrições, a perspectiva estadunidense da federação de províncias. Por se tornar uma nação soberana, passou a se defrontar com novas articulações no plano internacional.

No final do século XIX, o sistema capitalista era a forma principal de aglutinação dos impérios e de suas colônias, bem como dos países independentes existentes. Por ser um sistema hierárquico, o Brasil se aproximou gradualmente, por sete décadas, ao capitalismo, até se inserir plenamente na condição periférica.

Com isso, os negócios e os interesses primário-exportadores se mantiveram ativos e convergentes com o horizonte do Estado-nação e da unidade territorial. Para tanto, houve a formatação de regras e leis nacionais, poderes constituídos (moderador, executivo, legislativo e judiciário), sistema monetário e tributário, organização administrativa do Estado e forças armadas, entre outros.

Ao operar com poderes locais descentralizados na figura dos coronéis e suas milícias, o novo sujeito social caracterizado pelo senhorio proprietário de escravos fundamentou o regime da violência e do autoritarismo. Como esse sujeito social era incapaz de contribuir para o estabelecimento pleno da identidade nacional, a imagem coletiva de comunidade ficou postergada.

Ainda que a ordem vigente passasse a contemplar os símbolos nacionais como perspectiva do sentimento de totalidade da nação, as diferenças eram enormes, mantidas pela escravidão e pela violência generalizada. O próprio sistema de representação política se fundamentou no processo eleitoral elitista e fraudado recorrentemente.

Além disso, a cor da pele estava associada à classificação social, cuja hierarquia se sustentava na desvalorização do trabalho e no racismo fundante da nação.

No contexto da ruptura com o antigo sistema colonial europeu não houve divergência na continuidade da adesão ao projeto de progresso ocidental já instalado. A manutenção da escravidão, do racismo, da monocultura de exportação e da concentração fundiária indicou a realidade da correlação das forças políticas protagonistas da independência.

Com isso, assume papel de destaque o conservadorismo moderno a operar elementos novos de rompimento com o passado simultaneamente com os de continuidade do passado, e a enfrentar as dificuldades inerentes à construção de um Estado nacional em vasto território ocupado escassamente por uma espécie de constelação de feitorias que operavam na forma de entreposto comercial.

O contingente desgarrado e disperso de indígenas e escravos transplantados massivamente do continente africano se encontrou separado do conjunto de aventureiros europeus. Estes, em especial, constituíram o corpo social pelo qual a via da independência nacional se consolidou na segunda década do século XIX.

Pela visão política das elites dominantes, sobretudo da elite rural, o destino da nação prosseguiu associado ao comércio externo. O passado da formação colonial se manteve no presente do Império vinculado ao contexto da economia nacional escravista, dependente das condições do próprio processo de descolonização.

Sem corresponder ao desencadeamento de uma revolução burguesa clássica, a emancipação nacional manteve a estrutura produtiva primário-exportadora, com a consolidação do poder senhorial local. Ao mesmo tempo, mostrou ser funcional ao capitalismo em consolidação.

Nesse termos, o ingresso na nova Divisão Internacional do Trabalho consolidou a especialização produtiva diante da generalização do padrão de competição capitalista da época e, simultaneamente, o gradual estabelecimento de garantias pelo Estado imperial para que a apropriação privada e patrimonial da riqueza fosse favorecida, mantendo ativa a solução pela violência e pelo autoritarismo nos impasses entre a barbárie e a visão de modernidade ocidental.

Notas

[1] A diferença das elites políticas que atuaram durante a crise do sistema colonial e a constituição dos Estados nacionais nas Américas espanhola e portuguesa era marcante. Entre 1772 e 1872, por exemplo, 1.242 brasileiros se formaram na Universidade de Coimbra, enquanto nas 23 universidades na América espanhola foram 150 mil estudantes que se graduaram. Ver mais em: Carvalho, 2006.
[2] Andrade, 2008; Faoro, 1994; Holanda (org.), 2004.
[3] Polanyi, 2000; Arrighi, 1996; Braudel, 1998; Wallerstein, 1974.
[4] Marquese, 2013; Tomich, 2011; Assadourian *et al.*, 1975; Gorender, 1988.
[5] A. Marques, 1995; Marson & Oliveira, 2013.
[6] Armitage, 2012; Lisboa, 1829; Ferreira, 1976.
[7] Barbosa, 2016; Franco, 1997; Lima, 2005.
[8] Faoro, 2001; Mattos & Gonçalves, 1991; Jancsó, 2003.

3
CAPITALISMO PERIFÉRICO

A dominância do capitalismo a partir do final do século XIX constituiu a segunda grande transformação estrutural do Brasil pós-colonial. A passagem do mercantilismo, conduzido pelo Estado unitário e absolutista durante o Império, para o modo de produção e distribuição capitalista impôs profunda mudança de época, que atingiu o conjunto da política, da sociedade e da economia nacional.

Por um lado, o desfazimento do mercantilismo exigiu deslocar a lógica principal da acumulação de riqueza assentada no comércio e no poder pleno do monarca para a esfera da produção e da exploração do trabalho livre garantido pelo Estado mínimo liberal. No último ano do Império (1889), por exemplo, o comércio externo (exportação e importação) do país equivaleu a 84% do total do Produto Interno Bruto (PIB), indicando o quanto as trocas externas centralizavam a acumulação de riqueza submetida ao mercantilismo.

Por outro lado, o desmonte do pesado Estado absolutista unitário – pois financiador do conjunto dos gastos pertencentes à família real, à nobreza e ao clero – deu lugar ao Estado liberal mínimo, concentrado nas três funções clássicas referentes aos monopólios da violência, da emissão de moeda e do poder tributário. Ao mesmo tempo, o compromisso com o atendimento das bases do funcionamento capitalista (propriedade privada, mercados garantidos por relação contratual e trabalho livre) vinha sendo, gradual e lentamente, introduzido pela própria monarquia até a sua extinção em 1889.

Em 1850, 39 anos antes do nascimento da República, o Império, por exemplo, aprovou três legislações fundamentais para colocar em marcha a transição para o capitalismo. Com a Lei de Terras surgiu a primeira iniciativa de reconhecimento legal da propriedade privada no Brasil, consolidando oficialmente a posse não pública da terra, base para a constituição do mercado concentrado e exclusivo aos ricos, poderosos e privilegiados.

No mesmo ano de 1850, a instituição do Código Comercial Brasileiro apontou para a regulamentação dos contratos mercantis, próprios das relações de compra e venda estabelecidas nos mercados ainda em formação. O arranjo jurídico-institucional da época permitiu regular tanto as atividades comerciais quanto as profissões. Ao mesmo tempo, o corpo burocrático estatal atuou na resolução dos problemas próprios do funcionamento dos mercados, com tribunais e juízos comerciais.

Cabe também mencionar que a mudança tributária no comércio externo introduzida em 1844, a denominada Tarifa Alves Branco, elevou o imposto sobre produtos importados pelo Brasil de 15% para 60%, quando havia similar nacional, e para 30%, quando não havia equivalente produzido internamente. Mais do que proteger o setor produtivo nacional, a elevação tarifária permitiu recompor as finanças do Estado absolutista, medida necessária à época para manter o conjunto dos gastos da família real, da nobreza e do clero.

Com o aumento nos preços de cerca de três mil produtos importados, a elite consumidora interna, dependente da importação externa, foi fortemente atingida. A revelação disso ocorreu pela redução do enorme déficit na balança comercial, sobretudo de manufaturados provenientes da Inglaterra.

Diante da queda nas vendas externas para o Brasil, importadores, industriais e comerciantes ingleses reagiram. Com a imediata aprovação, em 1845, no parlamento britânico, da Lei Bill Aberdeen, a Marinha inglesa foi autorizada a aprisionar navios utilizados no tráfico de escravos que se encontravam em trânsito no oceano Atlântico para o Brasil.

Diante do desconforto e da pressão dos ingleses, apontando a disfuncionalidade da segunda escravidão, a monarquia brasileira deu o primeiro passo em direção à gradual interrupção da escravidão. Para tanto, o ano de 1850 contemplou também a aprovação da Lei Eusébio de Queirós, que terminou proibindo, em definitivo, mais de três séculos de tráfico negreiro no Brasil. Mesmo com o fim da entrada externa de escravos, cujo comércio atingia cerca de 40 mil africanos ao ano como média entre 1845 e 1850, a escravidão terminou se prolongando ainda por mais 38 anos, mobilizando o mercado do trabalho forçado das regiões decadentes (Norte) para as emergentes (Centro-Sul).

Dessa forma, a questão servil, conforme tratada pelo Império Brasileiro, destoou da saída extrema conformada nos Estados Unidos. Através de bárbara guerra civil que contou, entre 1861 e 1865, com mais de 600 mil mortos, ocorreu o fim da escravidão, 89 anos depois de sua independência.[1] No Brasil, ademais de contornar uma possível guerra civil interna e sanções por parte da Inglaterra, a monarquia viabilizou a continuidade da escravidão por decisão soberana.

Além de atender à base política dos poderes locais, conformada por senhores proprietários de terras e escravos, permitiu estender a estrutura agrário--exportadora fundada no trabalho escravo por mais tempo. Apesar disso, o fim do comércio externo escravista terminou favorecendo o deslocamento do capital financeiro, até então mobilizado no tráfico negreiro, para investimentos em atividades internas associadas à produção, estendendo-o para além dos limites da economia mercantil dominante.

Concomitante com as restrições tarifárias vigentes desde 1844, com a legalização da propriedade privada (lei de terras) e com a regulação dos contratos nos mercados em formação (código comercial), o recurso advindo do fim do tráfico externo fortaleceu o início da transição para a nova ordem capitalista. Expressão disso foi a denominada Era Mauá, cuja simbiose entre instituições estatais e burguesas em formação resultou na expansão dos negócios internos, favorecendo os interesses da classe mercantil (comércio e indústria) e o desinteresse pela continuidade do escravismo.

O vigor econômico interno proveniente da criação de companhias telegráficas, iluminação a gás, ferrovias, estaleiros, transporte urbano e bancos preocupava a elite rural escravista, bem como países concorrentes, como a Inglaterra. Com isso, a queda da Era Mauá foi aceita pelo próprio Império.

Com a redução das tarifas externas definidas na década de 1860, os interesses internos agraristas voltaram a confluir com as forças do imperialismo inglês. Diante da frágil monetização das trocas e das relações mercantis obstaculizadas pela escravidão, o mercado interno seguiu contido pela oposição dos proprietários rurais.

Somente ao final do século XIX, com a segunda grande transformação, o Brasil mudou a sua infraestrutura econômica, capaz de impactar decisivamente tanto a estrutura das classes e frações de classes sociais como a superestrutura vigente no país. Em 1889, na sequência da abolição da escravatura (1888) em pleno regime monárquico, emergiu a República.

Com um corpo de funcionários civil e militar enxuto, o regime republicano assumiu o federalismo descentralizado e abandonou o poder moderador circunscrito ao monarca, restando o executivo, o legislativo e o judiciário. Os poderes executivo e legislativo também sofreram alterações substanciais, com a introdução de eleições diretas para o executivo (federal e estadual) e o legislativo, e o fim do mandato de senador vitalício.

Desaparecia, assim, a experiência do poder moderador exercido pelo monarca e do parlamentarismo adotado durante o Império. Em seu lugar foi implementado o regime presidencialista na República com os clássicos três poderes (executivo, legislativo e judiciário).

Apesar disso, o corpo político que constituía o certame eleitoral pouco foi alterado. Os requisitos eleitorais restritivos definidos pela Lei Saraiva, em 1881, reduziram os votantes, que equivaliam a 13% da população, para somente 1,5%. Na última eleição da República Velha (1889-1930), por exemplo, o total de votantes representou apenas 5% da população, o que caracterizava um certame eleitoral viciado, cujo voto era aberto e não secreto.[2]

Segundo Ruy Barbosa, redator da legislação eleitoral, escravos, mendigos e analfabetos não deveriam votar porque careciam de ilustração e patriotismo, sem saber identificar o bem comum. Com a República, a delimitação do voto ao rendimento, instituída pela Constituição de 1824, desapareceu, permanecendo, contudo, a exclusão dos analfabetos, que representavam cerca de 80% da população ao final do século XIX.

O arranjo institucional estabelecido durante o capitalismo nascente se assentou na representação política ancorada no tripé de poder constituído por mandonismo, clientelismo e coronelismo. O mandonismo predominou na prática de ocupação dos cargos públicos garantidos pelo Estado mínimo liberal, descomprometido com a conformação de burocracia profissionalizada, sem necessariamente haver competência técnica e eficiência profissional.

O clientelismo, por sua vez, definia as bases da arrecadação fiscal, bem como controlava o gasto público, protegendo sempre que possível os ricos, poderosos e privilegiados do ônus da tributação. Ao mesmo tempo, operava também a prática da troca do atendimento a específicas clientelas por voto direto, reproduzindo, assim, o patrimonialismo ao longo dos tempos.

Em favor dos chefes dos poderes locais, estruturadores das oligarquias regionais, o coronelismo exercia, em grande medida, a função de operador dos grandes interesses privados enrustidos no interior do poder público. Dessa forma, a estabilidade do sistema político tornava-se inalcançável por residir nas estreitas relações entre os poderes local e nacional.

Ainda que pudesse ser contestado, o exercício da dominação pelo Estado mínimo liberal interpenetrava na sociedade, englobando classes e frações de classes sociais pela diversidade do patrimonialismo, do clientelismo, do coronelismo e do mandonismo.[3] Isso se tornou crescente com o desenvolvimento capitalista, que trouxe consigo novos sujeitos sociais próprios do processo de acumulação da riqueza centrado na produção e na exploração da força de trabalho.

Pelas limitações impostas por sua condição periférica no sistema capitalista mundial da época, a posição relativa de produtor e exportador de *commodities* na Divisão Internacional do Trabalho se manteve, prolongando as estruturas marcantes da sociedade agrária. Do ponto de vista temporal, a condição periférica se deveu ao ingresso tardio no sistema capitalista, considerando que a maior parte dos países que se encontrariam no centro dinâmico já havia realizado, com muita antecedência, suas revoluções burguesas.

A libertação do trabalho forçado e a instalação da propriedade privada garantidas pelo Estado foram expressão da revolução burguesa do século XVII, na Inglaterra (revoluções Puritana, em 1640, e Gloriosa, em 1689), e do século XVIII, na França (Revolução Francesa, em 1789). A partir disso, a grande empresa industrial passou a hegemonizar sobre as demais frações da classe dominante.

A primeira Revolução Industrial, a partir da metade do século XVIII, validou a liderança da burguesia industrial na Inglaterra. A segunda Revolução Industrial, na segunda metade do século XIX, confirmou a hegemonia da grande indústria moderna na Alemanha, nos Estados Unidos, na França, no Japão e em outros poucos países com industrialização retardatária.

Ao mesmo tempo, o ingresso do Brasil no capitalismo não significou a mesma transição de uma sociedade anterior feudal, conforme verificado na Europa e na Ásia, mas de uma sociedade escravista para capitalista – havendo uma base humana, técnica e material relativamente pobre na passagem ao modo de produção capitalista dominante.

Além dessa limitação estrutural, há ainda as especificidades restritivas da revolução burguesa que se viabiliza sem constituir bases mais sólidas e amplas para expansão ilimitada do capitalismo: a ausência da reforma agrária – impossibilitada pelo domínio dos proprietários rurais herdado do passado colonial – e da geração de um amplo e crescente mercado interno para o avanço da industrialização.

Nesse sentido, a libertação dos ex-escravos não significou a imediata conversão em força de trabalho livre para o emprego empresarial e, portanto, submetido à monetização fundada no assalariamento. O espaço circunscrito para a indústria, diante da hegemonia do modelo econômico primário-exportador na República Velha, seguiu restrito aos enclaves mercantis urbanos.

Constrangida pelo projeto de branqueamento movido pelo imigracionismo europeu, parcela significativa da população negra e miscigenada se manteve inorgânica aos requisitos do capital em expansão. Por força disso, houve o surgimento e a atuação dispersa geograficamente do sistema jagunço articulado à população sobrante do capitalismo nascente no Brasil.[4]

Além disso, o arquipélago de enclaves regionais que conformavam o país de dimensão continental herdado da independência nacional também permaneceu relativamente inalterado pelas dificuldades da integração nacional dos mercados. Por um lado, os estados próximos ao litoral seguiam sendo os portadores de economias mais dinâmicas, pois assentadas pela produção de matérias-primas e semiprocessados orientados à exportação.

Os Estados primário-exportadores, ademais de possuírem ligações diretas com o mercado mundial, constituíam bancadas parlamentares poderosas, dominando a política nacional. Assim, a condução da política econômica e social se fazia mais favorável aos interesses dos proprietários rurais, como isenção tributária, juros subsidiados, postergação de dívidas, entre outros.

Por outro lado, os demais estados da Federação que atendiam fundamentalmente ao pobre mercado interno, quando não somente às áreas de subsistência, caracterizavam-se pelo atraso generalizado. A fraqueza econômica se expressava também na contida presença do sistema político nacional, cuja representação no parlamento era minoritária e excluída, em geral, da condução da política econômica e social.

Dessa forma, a segunda grande transformação estrutural do Brasil pós-colonial estabeleceu as novas estruturas capitalistas da nação. Rompeu, portanto, com o longo passado pré-capitalista. Esse assunto, aliás, as páginas a seguir buscam considerar e analisar.

Panorama internacional do capitalismo entre os séculos XIX e XX

O Brasil se converteu em capitalista quando a segunda escravidão se tornou disfuncional ao avanço da primeira onda de globalização liderada pela Inglaterra, também denominada imperialismo. Pelas diversas revoluções em marcha na Europa na metade do século XIX, a antiga Ordem Internacional estabelecida pelo Congresso de Viena (1815) perdia efetividade, pois fora fundada na exclusividade de uso dos mecanismos das forças militar e política (Santa Aliança).

A alternativa que ganhou importância foi a "rede" dos grandes banqueiros e comerciantes, que passou a influenciar a concertação crescente de inúmeros governos de diferentes regiões através de novos mecanismos econômicos (Concerto Europeu). A centralidade do papel das altas finanças na condução dos negócios no mundo expressou o quanto o ciclo sistêmico de acumulação capitalista começava a ser alterado a partir da "grande depressão" inglesa entre 1873 e 1896.

Após a expansão do ciclo comercial nas décadas de 1850 e 1870, cujo ritmo de crescimento foi duas vezes superior ao verificado anteriormente entre 1800 e 1840, o mundo estava praticamente unificado pelo ciclo sistêmico de acumulação capitalista liderado pelos ingleses. A rede econômica estabelecida a partir da Inglaterra conectava as regiões do planeta, caracterizando-se por trocas comerciais entre o Império, mais industrializado, e o restante atrasado do mundo.

Com o abandono generalizado do estado servil na Europa até a primeira metade do século XIX, a população rural teve que imigrar para as cidades em busca do emprego capitalista. Ao mesmo tempo que o modo de vida no campo se alterava mais rapidamente, o deslocamento para as cidades era imediato e crescente.

No campo, o modo de vida também foi modificado profundamente pela dominação capitalista, excluindo populações em excesso até quando não fosse mais possível a própria terra oferecer sustento adequado. Diante disso, as populações rurais sofreram dois processos distintos.

O primeiro, relacionado ao deslocamento físico para as cidades; o segundo, associado ao movimento de imigração para outros países. O surgimento das cidades industriais modificou o sentido da urbanização europeia, sobretudo nos grandes centros de produção de manufaturas.

Diante do superpovoamento, o planejamento urbano se estabeleceu. Isso porque, no governo das cidades, diversas reformas urbanas foram realizadas, como a sanitária, que contribuiu para desmontar a realidade dos cortiços. Com o deslocamento da massa de trabalhadores pobres da área mais central das cidades para as periferias urbanas, a sociedade burguesa se consolidou assentada no salto da ciência e nas artes, propagando o triunfo do capitalismo liberal.

Além disso, a movimentação demográfica na Europa incluiu as migrações transfronteiriças e oceânicas. Os países do "novo mundo" foram os que mais recepcionaram o êxodo populacional do "velho mundo".

Entre 1845 e 1875, por exemplo, cerca de nove milhões de pessoas migraram da Europa, o que correspondeu a quatro vezes a população de Londres de 1851.[5] Diante do amplo movimento imigratório durante o século XIX, a produtividade da agropecuária europeia avançou, assim como houve a expansão da área plantada, com inclusão das terras cada vez mais exploradas no "novo mundo".

Simultaneamente às mudanças na produção da agropecuária que elevaram a produção no mundo, a expansão manufatureira associada à primeira Revolução Industrial (máquina de tear, motor a vapor) foi perdendo vigor. Diante disso, e distante do curso das inovações técnico-científicas da segunda Revolução Industrial, a Inglaterra terminou buscando refúgio na segunda fase do ciclo sistêmico de acumulação, possibilitada pela expansão financeira em plena primeira onda de globalização capitalista.

Enquanto a nova Revolução Industrial (eletricidade, motor a combustão) avançou em países como os Estados Unidos e a Alemanha, por exemplo, o imperialismo britânico buscava manter sua posição hegemônica pela financeirização. Para tanto, buscou reforço em uma de suas forças econômicas restantes, o poder da moeda de curso internacional (padrão ouro-libra) a alimentar os circuitos financeiros operados por grandes bancos (City de Londres).

As mudanças no capitalismo da segunda metade do século XIX fortaleceram os movimentos de concentração e centralização do capital. Ao ser protagonizada pelo poder das grandes empresas, a segunda Revolução Industrial deslocou a estrutura de competição capitalista da livre competição para oligopólios e monopólios.

No rastro do progresso tecnológico, novos mecanismos ganharam espaço na gestão dos negócios, como as sociedades por ações e as associações entre bancos e indústrias. A ampliação da moderna capacidade produtiva proporcionada pela industrialização retardatária no século XIX criou as bases técnicas e materiais para a conformação do novo ciclo sistêmico de acumulação capitalista a ser liderado pelos Estados Unidos em disputa com a Alemanha.

A concentração econômica e o controle dos mercados fortaleceram a disputa imperialista na época, capaz de redefinir a nova integração entre países desenvolvidos separados dos subdesenvolvidos. A ordem mundial submetida às potências imperialistas da época expressou a busca por novos mercados e exportação de capital.

Com a escassez de matéria-prima e de produtos primários no centro capitalista, os países subdesenvolvidos passaram a fazer parte da reconfiguração periférica. Daí, o aprofundamento da dependência em relação às nações desenvolvidas no atendimento das indústrias demandantes de metais não ferrosos, borracha, petróleo, entre outros.

A partir da metade do século XIX, o continente americano eliminou a presença do que ainda restava da segunda escravidão. Com isso, deu-se a sua integração no sistema capitalista enquanto importador de bens industriais e exportador de produtos primários.

Simultaneamente, os continentes africano e asiático sofreram maior impulso de exploração neocolonial. De acordo com a Conferência de Berlim de 1885, o mundo seria redefinido a partir dos interesses das grandes potências, embora a exploração neocolonial fosse justificada à época pelo compromisso civilizatório ocidental, associado à expansão cristã.

Além disso, a crescente interdependência entre os capitais bancário e industrial tornou os bancos essenciais à expansão dos investimentos físicos e às aplicações financeiras. Ao mesmo tempo, a configuração da nova estrutura da grande empresa monopolista estimulou a maior sofisticação no domínio dos interesses privados comprometidos com a ampliação da escala de acumulação capitalista.

O resultado disso foi a modificação da tradicional forma de espoliação dos pequenos produtores independentes e da subordinação formal do trabalho. Com o movimento de monopolização das estruturas de mercado decorrente da concentração e da centralização de capitais, o maior poder de mercado que emergiu das grandes empresas permitiu elevar suas margens de lucro, o que tornou ainda mais desigual a distribuição de renda e riqueza.

Assim, a propalada autorregulação da competição dos mercados defendida pelo liberalismo tornou-se inviável, geradora de recorrentes crises. Cada vez mais, a presença do Estado mínimo liberal na economia perdeu aderência diante da demanda por novos mecanismos protetivos do sistema produtivo nacional e por medidas regulatórias na exploração do excedente econômico. A experiência na Alemanha, nos Estados Unidos, no Japão e em outros países da industrialização retardatária no século XIX apontou outra atuação do Estado.[6]

O acirramento competitivo por novos mercados externos em busca do superlucro monopolista marcou a decadência do liberalismo. Os confrontos entre diferentes facções burguesas internas e externas motivaram o aparecimento de diversos movimentos nacionalistas, que resultaram em unificação territorial em regiões de fragmentação política no interior da Europa, como na Itália, em 1879, e na Alemanha, em 1871. Também teve incentivo nacionalista a Revolução Meiji, que levou à modernização capitalista no Japão a partir da década de 1860.

Na sequência, a Primeira Guerra Mundial (1914-1918) colocou fim a quase um século da denominada *Pax Britânica*, iniciada em 1815 com o término das guerras napoleônicas. Entre 1914 e 1945, a anarquia competitiva que predominava entre as grandes potências tornou instáveis e inseguros o mapa político e a geoeconomia mundial.

A expressão disso foi a verdadeira carnificina humana gerada pela corrida armamentista nas guerras mundiais, pelas pandemias virais e pela fome, responsáveis por quase 190 milhões de mortes acumuladas entre 1890 e 1945 (6,5% da população mundial estimada em 1940). Somente pela corrida armamentista, por exemplo, o número de mortos teria alcançado os 17 milhões estimados na Primeira Guerra Mundial, os 10 milhões de vidas perdidas na Guerra Civil Russa (1918-1922) e até os 85 milhões de mortos durante a Segunda Guerra Mundial.

Da mesma forma, o mundo teria contabilizado o acúmulo de quase 24 milhões de vítimas da fome entre as décadas de 1890 e 1920, adicionado da projeção de até 50 milhões de perdas humanas decorrentes da pandemia da Gripe Espanhola em 1918.

Para além disso, o sistema capitalista registrava sinais de excesso na capacidade de produção (superprodução) diante do nível de consumo existente à época. O diferencial entre o aumento da riqueza gerada pela nova estrutura de funcionamento da grande empresa e a baixa capacidade de expansão da demanda efetiva explicou a dimensão do desemprego, da imigração de pobres europeus, da insegurança alimentar, da fome e da subnutrição em diversas populações na virada para o século XX.

Essa realidade se mostrou expressão do descompasso entre o agigantamento da grande empresa monopolista e a pequenez do Estado mínimo liberal. Com isso, a perda interna do vigor expansionista foi acompanhada tanto pelo parasitismo rentista e especulativo nas altas finanças como pela corrida armamentista vinculada à maior apropriação imperialista no mundo.

O resultado foi o esgotamento da primeira onda de globalização capitalista, liderada pela Inglaterra, com inúmeras contradições geradas pelo crescente controle de cartéis e trustes no mercado mundial. O nacionalismo e o protecionismo emergiram como uma contratendência do processo maior da internacionalização capitalista produzido pelo agigantamento das grandes empresas monopolistas.

Da mesma forma que esse processo trustificou o movimento da produção nos países de capitalismo avançado, concentrou também a classe trabalhadora nas cidades, ocupadas pelas grandes áreas de fabricação em massa. Pela contradição crescente entre a apropriação privada da riqueza e a pauperização da população trabalhadora, os conflitos na relação capital e trabalho aumentaram, colocando em dúvida a eficácia de o Estado mínimo liberal continuar se recusando a enfrentar a gravidade da questão social.

O agravamento dos sinais de caos no interior do sistema de produção colocava obstáculos à ordem capitalista, inclusive com a alternativa surgida com a Revolução Russa, em 1917. Além disso, a própria marcha da transição de centro hegemônico do capitalismo mundial aberta na primeira metade do século XX era fonte de imensa incerteza diante do declínio inglês e da disputa entre os Estados Unidos e a Alemanha.

Naquele cenário de intensa competição entre as grandes potências mundiais, a antiga Divisão Internacional do Trabalho foi sendo alterada. O esvaziamento do monopólio inglês na produção e na exportação de bens industriais transcorreu simultaneamente ao aparecimento de outras nações a ofertar manufatura da segunda Revolução Industrial.

De um lado, o movimento de exportação de capitais proveniente do expansionismo dos Estados imperialistas continuou a demandar o suprimento de matérias-primas para as suas indústrias, aprofundando a trajetória anterior da Divisão Internacional do Trabalho. De outro, a busca por novas formas de valorização do capital financeiro era potencializada pela fase final de expansão do ciclo sistêmico de acumulação liderado pela Inglaterra.

Por conta disso, a Divisão Internacional do Trabalho expressou a prevalência da troca desigual no comércio externo, que seguia favorável aos países industrializados em detrimento dos países periféricos, primário-exportadores. Ao mesmo tempo que se reestruturava a mudança no interior do centro dinâmico capitalista mundial, a periferia também foi sendo reconfigurada.

Exemplo disso aconteceu no Brasil, que experimentou a sua segunda grande transformação estrutural a partir da década de 1930. Sob o capitalismo nascente, classes e frações de classes sociais se estruturaram e impactaram crescentemente a antiga sociedade agrária.[7]

Naquela oportunidade, o país transitava para a sociedade urbana e industrial, portadora de novos sujeitos sociais. Mesmo diante do comércio externo desigual, a presença do capital estrangeiro vinha internalizando métodos capitalistas avançados na produção e no transporte que alteravam em parte a escala de produção no mercado interno dos países periféricos.

O resultado era a necessidade de geração de maior produção primário-exportadora para compensar as transferências internacionais decorrentes dos investimentos externos recebidos. Dessa forma, a perspectiva da vocação agrarista primário-exportadora terminou sendo afirmada durante o capitalismo nascente.

Mas, dada a ampliação da oferta de produtos primários no mercado mundial, o preço das *commodities* da época declinava. Tudo isso tornava mais limitado e conservador o processo almejado de modernização defendido por republicanos no Brasil.

Ao aceitar a abolição da escravatura em nome do ingresso no capitalismo, a emergência capitalista insistiu na prevalência do modelo primário-exportador. Com isso, a expectativa era de que os frutos do progresso exportador de bens primários permanecessem capturados pela elite orientada ao financiamento da importação de bens e serviços industriais excluídos da produção interna.

A segunda grande transformação estrutural do Brasil pós-colonial foi acompanhada do tripé formativo do sistema interno de dominação. Com base na abolição da escravatura (1888), na proclamação da República (1889) e na instalação da primeira Constituição republicana (1891), o país fundamentou a nova superestrutura jurídica a sedimentar internamente a ordem capitalista.

A solidificação do Estado burguês no Brasil passou por outro arranjo político e ideológico interno. A prevalência do patrimonialismo se expressou por meio da instrumentalização agromercantil a se apropriar do Estado mínimo liberal. Para assegurar os seus próprios interesses, excluindo praticamente as demais classes e frações de classes da política de dominação burguesa, prevaleceu a força das oligarquias agrárias regionais.[8]

Tudo isso, é claro, conflagrado pela instabilidade das tensões entre os setores tradicionais, que buscavam evitar o próprio desaparecimento, e os novos segmento sociais, que tratavam de se consolidar. Esse panorama incerto da consolidação capitalista no Brasil fez da República Velha um período histórico de quatro décadas de grandes inconstâncias, acompanhado pela fragilidade interna das classes e frações de classes sociais a servir de sustentação e superação.

Nesse novo cenário, a segunda grande transformação estrutural do Brasil pós-colonial assumiu protagonismo. A seguir, abordam-se as principais especificidades da inserção periférica do Brasil no capitalismo mundial.

Gradual e longeva internalização do Brasil na periferia do capitalismo mundial

O processo de integração no sistema capitalista global se completou com relativo atraso no Brasil, cujo avanço transcorreu lento e gradual desde a década de 1850. A passagem para o capitalismo foi fruto da segunda grande transformação estrutural, que pôs fim ao antigo modelo primário-exportador herdado do período imperial e liderado pelo complexo cafeeiro assentado no trabalho escravo.

Até então, o Brasil seguia sendo um país de importante oferta agrícola no comércio externo. Além disso, não havia registrado a regressão econômica e demográfica observada por alguns países latino-americanos após a conquista da independência nacional.

Por outro lado, o Brasil era uma nação ainda dominada pela riqueza proveniente da produção de monoculturas de exportação em grandes propriedades de terras. A repercussão disso era o controle político das oligarquias regionais em conivência com a monarquia a manter o trabalho escravo.

Internamente, com a abolição da escravatura, a divisão do trabalho passou a expressar certo excedente de mão de obra decorrente da exclusão dos ex--escravos e miscigenados dos principais segmentos econômicos dinâmicos. Ou seja, aqueles vinculados ao comércio externo que se aproveitaram da significativa atração de força de trabalho imigrante branca, em geral acima dos requisitos necessários da contratação capitalista na época.

As demais atividades econômicas deslocadas do comércio externo estavam, em sua maioria, associadas ao funcionamento do mercado interno, sobressaindo as variadas estratégias de subsistência dispersas no país. Praticamente à margem da dinâmica capitalista, os agregados sociais se reproduziam como deserdados da identidade nacional e sem perspectiva de mobilidade social no interior da sociedade agrarista primário-exportadora.

A trajetória de conformação capitalista nacional ampliou o trabalho livre, sobretudo o novo emprego assalariado, inicialmente por imigrantes europeus e, posteriormente, pelo deslocamento da população do campo para as grandes cidades litorâneas, especialmente no Sudeste. O surgimento do operariado industrial e de ocupações de classe média proprietária e assalariada expressou a constituição da sociedade de classes, com novos sujeitos sociais entrando na cena política nacional.

O complexo agroexportador, representado por frações agrárias, financeiras e outras vinculadas ao comércio externo, apresentou, desde a década de 1890, riscos de perda de vitalidade econômica. Por conta disso, a manutenção de sua hegemonia diante do desequilíbrio de forças políticas advindas da emergência de novas classes e frações de classes sociais passou a depender, cada vez mais, do apoio do Estado para se reproduzir.

A denominada política do café com leite, expressão maior do pacto dos governadores implementado pelo quarto presidente republicano, Campos Salles (1898-1902), buscou atender fundamentalmente às oligarquias rurais. Ao condicionar o funcionamento do Estado aos interesses agroexportadores, especialmente dos cafeicultores paulistas, integrou a política econômica interna aos objetivos de banqueiros internacionais, condutores da expansão financeira pertencente à fase terminal do ciclo sistêmico de acumulação liderado pela Inglaterra.

Mesmo assim, o mercado interno respirava motivado tanto pelo vazamento da renda exportadora do complexo agroexportador como pela monetização das relações de trabalho. Novos espaços de acumulação capitalista surgiram, evidenciando a força empresarial vinculada a produção e comercialização interna.

Diferentemente da Era Mauá (1850-1870), marcada pelo capitalismo concorrencial e constrangido pelo mercantilismo da monarquia da época, a virada do século XIX para o XX se caracterizou pela primeira onda da globalização. Sem a regulação pública da concorrência intercapitalista, a grande empresa operada por cartéis e trustes ocupava os setores mais dinâmicos, deixando aos capitalistas brasileiros a exploração associada com o capital estrangeiro ou em segmentos de baixo investimento e de menor produtividade e valor agregado.

Mesmo assim, uma burguesia interna foi se estruturando, tendo de conviver com as contradições do emprego de mão de obra a mover aglomerações de operariado e suas representações nascentes por melhores condições de vida e trabalho, além de conviver com a dominância interna do agrarismo exportador, cujos preços oscilantes no mercado mundial impunham ao Estado mínimo liberal uma atuação compensatória diante da presença do imperialismo ocidental.

Nessas circunstâncias históricas, o sistema político conduzido pela República Velha conviveu com intensa instabilidade política, econômica e social. A dependência de capitais estrangeiros, sobretudo financeiro, impunha importantes limites à gestão interna dos distintos interesses gerados pela emergência da nova sociedade de classes.

De um lado, o ingresso no capitalismo mundial ao final do século XIX foi acompanhado da crescente penetração dos investimentos externos, em geral vinculados ao complexo primário-exportador. De outro, houve a presença crescente de grandes empresas estrangeiras em atividades vinculadas ao mercado interno que se encontrava em formação, especialmente nos serviços urbanos (transporte coletivo, iluminação, telefonia, saneamento e outros).

A prevalência do Brasil na Divisão Internacional do Trabalho como primário--exportador destoou da situação passada, uma vez que a segunda transformação estrutural do Brasil pós-colonial representou a integração periférica no interior do sistema capitalista mundial. Por mais de meio século, o país continuou a avançar na era industrial somente como consumidor, dependente, portanto, da importação de bens e serviços industriais do centro capitalista.

Para isso, as receitas externas obtidas pelo modelo primário-exportador se mantiveram fundamentais ao pagamento das importações de bens e serviços industriais. Assim, a burguesia interna e o restante da classe e da fração da classe dominante dependiam crescentemente do setor agroexportador.

Isso porque eram as receitas agroexportadoras que financiavam o pagamento das importações dos bens e serviços industriais de uma restrita elite. A maior parte da população, contudo, permanecia excluída, conformando uma massa inorgânica aos requisitos do capitalismo nascente.

Em síntese, o avanço na era industrial ao longo do século XIX e no início do século XX dependeu do aprofundamento do modelo primário-exportador.

Embora a República Velha ainda estivesse muito associada à Europa, seus governos passaram a sinalizar a proximidade com a "americanização" do país. Sem romper com o projeto de modernização ocidental, os Estados Unidos serviram de referência para algumas das inovações republicanas, como a aceitação interna da Doutrina Monroe, mesmo que ainda fosse questionada.[9]

A Constituição de 1891, por exemplo, trouxe consigo a perspectiva estadunidense do Estado liberal e da administração descentralizada, abandonando o Estado unitário absolutista pertencente ao passado monárquico. Além disso, nos momentos mais críticos das tentativas de restauração da monarquia, como a Revolta da Esquadra, em 1893, não faltou apoio do governo dos Estados Unidos em defesa da República do Brasil.

Sem que a Independência nacional tivesse sido suficiente para romper com o compromisso mercantil e a segunda escravidão, a constituição da República rompeu com o passado monárquico. Na segunda grande transformação estrutural do Brasil pós-colonial, a fundação de uma ideologia própria do capitalismo imprimiu a ordem liberal interna.

Para isso, o conservadorismo moderno atuou sobre o dissenso existente entre reacionários, defensores da antiga ordem monárquica, e revolucionários, apoiadores da ordem liberal movida por estreita burguesia e pequenos proprietários. A organização do Estado liberal, embora em descompasso com o propósito inicial republicano, nasceu comprometida com a realidade do latifúndio e da monocultura de exportação sob o domínio oligárquico.

Não foi por outro motivo que as forças do imperialismo encontraram terreno fértil para que o capitalismo funcionasse submetido a dois ritmos distintos do desempenho da economia nacional. De um lado, o segmento econômico moderno, mais dinâmico e tecnicamente avançado por suas relações com o comércio externo e sob influência direta do capital estrangeiro. Ocupada fundamentalmente por mão de obra branca imigrante, a classe trabalhadora organicamente vinculada à dinâmica capitalista se localizava majoritariamente nas áreas litorâneas de produção do país.

De outro lado, o segmento econômico tradicional, pouco dinâmico e tecnicamente atrasado, voltava-se ao mercado interno, na maior parte das vezes contido pelo capital nacional. A classe trabalhadora sobrante encontrava-se dispersa no território, sobretudo no interior do país, comprometida com a subsistência de grande parte da população negra, indígena e miscigenada.

Por conta disso, as relações de classes em formação no capitalismo nascente continham especificidades importantes. Enquanto se formava o ínfimo operariado fabril urbano, expressando a maioria de imigrantes brancos europeus, grande parte da população não branca se encontrava prisioneira do primitivismo agrário ou da miserabilidade das cidades daquela época.

Muito aguerrido, o proletariado situado em algumas poucas cidades de base fabril, portuária e de serviços públicos executados privadamente organizou-se em sindicatos combativos. As contestações variadas e crescentes, inclusive a greve geral de 1917, sinalizavam para os novos atores e a emergência da questão social definidos pelo avanço do capitalismo no Brasil.

O nascimento do Partido Comunista, em 1922, apontava para as possibilidades de conscientização de classe, porém dependente de uma parcela ínfima da sociedade brasileira. Na década de 1920, começaram a surgir as primeiras leis de regulação pública do trabalho, apesar da resistência patronal e da contrariedade do Estado liberal vigente na época.

Ainda que majoritários, os trabalhadores do campo permaneciam desarticulados, excluídos de quase tudo pelo agrarismo dos grandes proprietários operadores de violência nos latifúndios de monoculturas exportadoras. Dessa condição de trabalho – não muito distante do passado escravista – dificilmente surgiria uma classe camponesa exposta às lutas mais amplas por avanços revolucionários.

As especificidades impostas pela inserção periférica no sistema capitalista no final do século XIX constituíram o diferencial significativo em relação às economias industriais do centro dinâmico mundial. Países de passado colonial, com dimensão continental, majoritariamente agrários e dominados por estrutura fundiária concentrada, como o Brasil, limitar-se-iam à condição periférica, distantes de qualquer preocupação com a concorrência com o centro capitalista.

No máximo, resguardariam posição de soberania diante da hierarquia mundial e da subordinação imposta pelas forças do imperialismo. Diferentemente da constatação tradicional de que o imperialismo seria a última etapa do capitalismo original (Inglaterra) e retardatário (Alemanha, França, Japão, Estados Unidos, Rússia e outros poucos países), no capitalismo tardio, ele terminou sendo a primeira etapa constitutiva do regime do capital.

Em resumo, o capitalismo tardio no Brasil teria surgido integrado à forma de concorrência imperialista. Em plena primeira onda da globalização, a inserção periférica no sistema capitalista transcorreu envolvida por intensa disputa imperialista pelo domínio de mercados externos. Também foi acompanhado pela internalização de novas técnicas de produção a impulsionar o sentido da modernidade ocidental.

Por conta disso, a força do imperialismo não gerou imediata contestação nacional. Através do ingresso de capitais estrangeiros, o progresso tecnológico apareceu fragmentado e contido pelas importações financiadas através do modelo primário-exportador; uma distinção importante em relação ao passado monárquico, quando o capital estrangeiro se voltou mais para a facilitação da exportação dos produtos primários. Com o ingresso no capitalismo, o Brasil passou a recepcionar os investimentos para além da intermediação das exportações, pois estava focado também nas atividades de produção privada e de serviços públicos nas principais cidades do país.

Singularidades da sociedade de classes no capitalismo nascente

No último quarto do século XIX, o ingresso do capitalismo foi condicionado pela segunda fase do ciclo sistêmico de acumulação liderada pela circulação de capitais sobre a produção de mercadorias. Assim, a segunda transformação estrutural do Brasil pós-colonial transcorreu marcada por significativa presença de capitais estrangeiros a pressionar o balanço de pagamentos por força do custo do endividamento e das remessas de lucros.

O avanço dos investimentos do exterior, especialmente inglês, estava voltado, muitas vezes, para a modernização da infraestrutura (ferrovia, instalações portuárias, utilidades públicas), apoiada por intensa imigração europeia. Para um país pobre, embora rico em recursos naturais, a continuidade do projeto ocidental favoreceu a consolidação de minoria em modificação com o capitalismo.

Por isso, a forma com que se integrou ao sistema capitalista mundial permitiu que o país mantivesse o atraso em grande parte do território nacional. O ingresso na condição periférica do capitalismo mundial revelou o descompasso nacional em relação à internalização da produção de bens e serviços próprios da era digital.

No ano de 1900, por exemplo, a malha ferroviária no país atingiu 15,3 mil quilômetros, o equivalente à extensão dos trilhos da década de 1840 na Inglaterra. Da mesma forma, o consumo de bens e serviços da era industrial se encontrava praticamente restrito à minoritária elite, na medida em que o acesso dependia da importação financiada com receitas da exportação de produtos primários, uma vez que não se produzia internamente manufatura.

O consumo conspícuo de produtos importados termina sendo bem explicitado pela precocidade com que a monarquia trouxe para o Brasil, por exemplo, o primeiro telégrafo. Em 1852, a primeira linha instalada possuía 4,3 km de extensão, interligando, no Rio de Janeiro, o Palácio Imperial da Quinta da Boa Vista ao Quartel-General do Exército no Campo de Sant'Anna.

Essa limitação estrutural marcou a desigualdade inicial instituída no Brasil pela forma de ingresso na era industrial, enquanto consumidor e não produtor de manufaturas. Essa realidade não foi alterada suficientemente na passagem para o modo de produção capitalista no Brasil.

Com o fim do trabalho escravo, as relações capitalistas de produção avançaram mais rapidamente na parte centro-sul do país, dominada pelo complexo cafeeiro, propulsor de algumas iniciativas da indústria de consumo popular. A emergência de novos sujeitos sociais, como os proprietários dos meios de produção urbana e os trabalhadores livres em busca de um salário, transcorreu simultaneamente à monetização do trabalho, o que permitiu o financiamento da sobrevivência através do crescente acesso aos mercados de consumo.

Com salários pagos, muitas vezes desacompanhados dos ganhos de produtividade, os lucros cresceram. Ao mesmo tempo, a monetização da relação capital-trabalho canalizou a massa de rendimentos do trabalho para o consumo no mercado interno, especialmente nos centros urbanos.

Para além dos enclaves econômicos de modernidade capitalista, prevaleceu por mais tempo uma diversidade de formas pré-capitalistas conformadoras da sociedade brasileira. Sob o capitalismo nascente, a preservação das exportações de produtos primários permitiu que desde a década de 1860 houvesse equilíbrio na balança comercial.

Isso aconteceu, mesmo com certa diversificação, nas importações de bens manufaturados, inclusive daqueles vinculados à embrionária indústria instalada (máquinas, componentes semielaborados, carvão e outros). Nesse sentido, deu-se o aparecimento de novos segmentos sociais que foram se movendo, na maior parte das vezes, em oposição.

Nas cidades em expansão, por exemplo, a diversificação das camadas médias e do operariado industrial foi acompanhada de certo protagonismo nas disputas pelo sentido da transformação estrutural em curso na época. O patronato agrarista mais tradicional e reacionário, que resistia ao capitalismo, terminou por se adaptar às novas formas de produção e relações sociais, reduzindo o risco do desaparecimento.

Ao mesmo tempo, o movimento de transformação estrutural enfrentou constrangimentos impostos pela face revolucionária dos movimentos antimonarquistas, abolicionistas, republicanos e outros.[10]

Parte disso se deveu à desarticulação que o abolicionismo reformista nacional provocou no interior das classes dominantes. De parte das oligarquias rurais prevaleceu, nas relações provinciais, a força do autoritarismo, não muito distante da escravidão.

Destaque-se que a campanha abolicionista foi realizada por duas décadas (1868-1888), sendo o primeiro movimento de massas ocorrido no Brasil pós--colonial. Ao contemplar os segmentos do corpo social existente na segunda metade do século XIX, o abolicionismo foi ganhando força política com novas organizações sociais e diversas lutas de rebeldia, fugas orientadas e resistência estabelecida em territórios livres da escravidão.

A postergação imposta à abolição da escravatura pelos proprietários de escravos deveu-se também ao fato de a pauta dos abolicionistas buscar alterar a sociedade da época. A implantação do salário mínimo aos ex-escravos, a mudança da estrutura fundiária tornando-a compatível com a inclusão da população liberta, a educação gratuita voltada à integração social e cultural, entre outras propostas, foram barradas.

O poder dos negócios mercantis atrelados ao modelo primário-exportador atuou contendo a ênfase reformista do abolicionismo. Assim, os negócios econômicos aceitaram o fim da escravidão mediante medidas facilitadoras da imigração europeia para substituir o escravo liberto.[11]

Naquela oportunidade, o papel desempenhado pelo conservadorismo moderno se mostrou frutífero ao se afastar do passado escravista para moldar o presente do futuro como sequência do projeto de modernidade ocidental trazido desde a chegada do conquistador português. Algo parecido ocorreu em relação à complexa questão eclesiástica que decorreu da separação entre o novo Estado liberal mínimo e a Igreja. Isso porque o fim do Estado absolutista significou não apenas a perda de financiamento para a realeza e a nobreza, mas também a perda dos privilégios que a Igreja católica detinha, como o seu poder sobre a formação da sociedade brasileira.

O descontentamento do clero traduziu-se na postura reacionária em relação ao abandono do modelo de padroado até então existente. Diante do novo ordenamento jurídico nacional, o papel da Igreja católica na arena sociopolítica do país foi profundamente alterado.[12]

Ao mesmo tempo, davam-se o fortalecimento do ideário separatista e as tensões crescentes entre a centralização monárquica e o federalismo descentralizador de parte do movimento republicano. No movimento separatista de 1887, por exemplo, eram muitas as aspirações de mando dos fazendeiros paulistas, descontentes com o descompasso entre a importância econômica do complexo cafeeiro para o país e a ausência do reconhecimento político nacional.

As dificuldades econômicas das províncias e o poder crescente da "nação paulista" colocaram em alerta o novo risco da fragmentação do país em face do fim do Império. Nesse sentido, a propaganda federalista ganhou mais força, perseguindo o ideário da unidade nacional presente desde a independência.[13]

Para tanto, a necessidade de legitimar a República que surgia exigiu ações voltadas à constituição da identidade nacional. No plano imaginário, por exemplo, ocorreu o resgate de Tiradentes como herói da República, acompanhado de símbolos nacionais como o hino e a bandeira brasileira, com forte conotação positivista.

Mesmo com a ênfase republicana no lema da ordem e do progresso, a realidade socioeconômica era de intensa desigualdade, sob a qual se assentou o capitalismo nascente. O tensionamento contra o atraso existente não demorou muito a aparecer.

Com o surgimento de novos sujeitos sociais (pequena burguesia no comércio e na indústria, meio militar e artistas), estes foram se expressando em alternativa à prevalência oligárquica. Um dos conflitos mais graves no início da República foi a Guerra dos Canudos, que, entre 1893 e 1897, mobilizou milhares de residentes na região Nordeste.

Assim como Canudos, impulsionada pela exclusão de sobrantes da terra muito concentrada, também teve importância a Guerra do Contestado, na divisa entre Paraná e Santa Catarina, ocorrida entre 1912 e 1916. Diante de milhares de sertanejos sem-terra, tanto Canudos como Contestado tinham governos próprios e normas igualitárias, desconectados da dinâmica capitalista e do governo republicano.

O sistema jagunço que emergiu em concomitância com o capitalismo nascente no Brasil contou com importante traço messiânico a conectar comunidades deserdadas através do fanatismo religioso. Ao mesmo tempo, o sistema jagunço também contou com a presença do banditismo social, reconhecido como nordestino no início do século XX.

A ausência de contrapartidas de parte do Estado liberal às injustiças produzidas pelo capitalismo sem freio e dominado por oligarquias propiciou a formação de experiências sociais paralelas à sociedade de classe em expansão. Além disso, as revoltas e mobilizações sociais nas grandes cidades ganharam expressão nas várias greves operárias, nos levantes armados na Marinha (1891 e 1894), na Revolução Federalista de 1893 a 1895 no sul do Brasil e na Revolta do Juazeiro em 1913 no interior do Ceará. Também tiveram destaque as Revoltas da Vacina (1902-1906) e da Chibata (1910), bem como o movimento tenentista propalado pela Revolta do Forte de Copacabana (1922), a Revolta Paulista de 1924 e a Coluna Prestes-Costa entre 1924 e 1926.

Sob contexto do ingresso periférico do Brasil no sistema capitalista mundial, as lutas de classes e frações internas sofreram influências decorrentes das insatisfações internas com a presença imperialista. Não obstante a vocação agrícola autoproclamada pelo domínio oligárquico, a nação assistiu à origem da produção de manufatura submetida às condições impostas pela determinação de preços e tarifas alfandegárias pelo governo central.

Mesmo com a passagem para o capitalismo, a especialização agroexportadora se manteve quase intacta no país. Isso porque o modelo primário-exportador se manteve integrado ao sistema capitalista mundial, impactando internamente o comportamento da economia nacional ao longo da República Velha.

No capitalismo selvagem, a prevalência antidemocrática do regime e a condução de políticas antipopulares não reverteram a exclusão do período imperial. Permaneceu relativamente inalterado o sistema de enclaves econômicos, cujas atividades agroexportadoras conviveram com a existência de urbanismo segregacionista, estendendo a proposta de branqueamento demográfico no território, especialmente nas capitais dos estados da Federação.

No início da década de 1920, por exemplo, o Brasil contava com 17% do total da população residindo em 74 cidades com mais de 20 mil habitantes, sendo que mais da metade se localizava na região Sudeste. Em geral, as capitais dos estados possuíam alguns serviços públicos que, acompanhados de atividades comercial e financeira, especialmente vinculadas à exportação e à importação, formavam uma incipiente rede urbana, sobretudo nas áreas litorâneas do país.

Na virada do século XIX para o XX, por exemplo, quando as cidades começaram a ganhar protagonismo, a criminalidade também passou a fazer parte da moldagem da arquitetura urbana brasileira. Com o deslocamento crescente da população pobre do campo para as cidades e do centro das cidades para a periferia e as favelas, a polarização social se conformou.

Isso porque aos pobres restou se localizarem nas regiões distantes do centro das cidades, em geral com escassa infraestrutura e ausência da intervenção dos serviços públicos, cujas habitações foram, muitas vezes, resultado da autoconstrução. O processo de segregação urbana se revelou intenso, demarcado pela ilegalidade do acesso a terra, o que se constituiu em ampla informalidade ocupacional.

Assentaram-se, assim, as relações sociais constituídas pelo avanço selvagem do capitalismo, cujo modo de vida revelou o quanto as profundas desigualdades consolidadas no interior da sociedade agrária conformaram o próprio modo de vida urbano. De imediato, o reconhecimento de que a questão social, ignorada até então pelas autoridades governamentais da República Velha, seguia sendo tratada como caso de polícia aos desviantes da boa conduta. Mais do que isso, a desigualdade aflorava no cotidiano das cidades diante do modo de vida aristocrata e de escravos libertos, de imigrantes estrangeiros a miscigenados vindos do campo.[14]

Assim, o grande excedente de mão de obra conformado no interior das cidades, sem amparo em políticas públicas, impulsionou a proliferação de pequenos gatunos, bêbados, moradores de rua e de outras situações a se reproduzirem no início da urbanização nacional. Diante disso, reforçava-se a elitista visão da inferioridade racial caracterizada por profissionais das ciências biológicas e materializada nas práticas de violência policial associadas aos aspectos físicos definidos pela natureza criminal a delinquentes de toda a ordem.

Considerações finais

No final do século XIX, a segunda grande transformação estrutural no Brasil pós-colonial foi expressão do ingresso na condição periférica no sistema capitalista mundial. Embora o processo de inserção capitalista estivesse em marcha internacional desde a opção nacional de consolidar a segunda escravidão, a preparação das bases capitalistas somente passou a se fundamentar a partir da segunda metade do século XIX.

O ano de 1850, por exemplo, marca o início da montagem do arranjo jurídico--institucional que consolidou o deslocamento do mercantilismo assentado no Estado absolutista para o capitalismo fundamentado no Estado mínimo liberal. Com a aprovação da Lei de Terras ficou estabelecido o princípio da propriedade privada, enquanto a legislação do Código Comercial determinou a garantia dos contratos definidos nos mercados.

Também no mesmo ano de 1850 foi estabelecida a lei que proibiu o tráfico de escravos, que asfixiou a oferta externa do trabalho forçado. Simultaneamente, parcela da massa dos recursos decorrentes do comércio escravista passou a ser direcionada a negócios internos, agilizando a passagem da formação social escravista para a modernidade capitalista.

Quase quatro décadas depois de iniciado o processo de sua instalação no Brasil, o capitalismo se tornou dominante, com a decisão nacional de tornar o trabalho livre, não mais forçado pela escravidão. Para o patronato brasileiro, a saída da escravidão tornou-se mais palatável através da substituição dos escravos pela massificação da imigração branca europeia.

Isso aconteceu especialmente na região Sudeste, que concentrava o centro econômico dinâmico nacional assentado no modelo econômico primário-exportador predominante na época. Além de validar a tese do branqueamento perseguida pelos governos da República Velha, a conformação periférica no capitalismo mundial consistiu na geração de enorme massa sobrante de trabalhadores, inorgânica aos interesses da economia primário-exportadora.

Com isso, a formação inicial do mercado de trabalho contou com parte importante da mão de obra externa imigrante, conectada, em sua maioria, às atividades de produção para exportação – por isso, esses indivíduos eram considerados trabalhadores orgânicos ao capital.

A ampla parcela da força de trabalho negra e miscigenada distante, atrelada às atividades de subsistência, era considerada inorgânica ao capital – e, talvez por isso, cada vez mais disponível ao avanço do sistema jagunço.

As diversas experiências de fanatismo religioso e de banditismo social atuaram na oferta da expectativa de futuro fundamentada na assistência organizativa às populações sobrantes do país. Ao longo da República Velha, distintas formas de vida e trabalho de natureza pré-capitalista marcaram o ingresso do Brasil no sistema capitalista mundial sob a condição periférica e a postergação do processo de proletarização de parte da população proveniente da escravidão.

Também constituiu especificidade importante do ingresso do país no capitalismo tardio a instalação do regime político republicano associado ao Estado mínimo liberal, com a queda da monarquia e o fim do Estado absolutista consistente com o mercantilismo e o sustento da realeza, da nobreza e da própria Igreja católica.

Para isso foi importante a ascensão política da oligarquia vinculada ao complexo cafeeiro, sobretudo paulista, uma vez que foi ela que apoiou, em grande medida, o nascimento da República. O abandono da organização administrativa centralizada e unitária vigente durante o Império levou consigo o regime político dominante, que se relacionava com o parlamentarismo e o poder moderador do monarca.

A implementação do federalismo descentralizado pela República Velha transcorreu acompanhada de intensa instabilidade e dificuldades de governança política nacional, sobretudo diante da emergência dos novos sujeitos sociais, próprios do capitalismo nascente. A supremacia das oligarquias regionais, especialmente sob a liderança de São Paulo, buscou se equilibrar através da forte repressão e do autoritarismo adotado pela política dos governadores, que aprisionaram o presidencialismo aos interesses econômicos do modelo primário-exportador.

Nesse sentido, a conexão do país com a era industrial somente através do consumo e da importação, sem a internalização da base produtiva manufatureira, prevaleceu praticamente inalterada. Desde a chegada da família real, em 1808, a abertura dos portos da colônia à importação de produtos manufaturados da Inglaterra estabeleceu a forma de entrada na era industrial demarcada pela desigualdade de acesso entre ricos e pobres.

Pela grande transformação estrutural imposta pelo ingresso no capitalismo desde o final da década de 1890, o Brasil assumiu uma condição periférica em relação ao centro dinâmico mundial. O vetor político burguês interno decisivo para a abolição da escravatura (1888) e a instalação da República (1889) foram os proprietários rurais, sobretudo paulistas, dominantes no interior do complexo cafeeiro.

Afinal, eram as exportações de café, entre outros produtos primários, que financiavam fundamentalmente as importações de manufaturas provenientes das potências industriais. As consequências disso foram importantes na trajetória do Brasil desde então.

Com as restrições impostas pela fase monopolista do capitalismo hegemônico a partir do final do século XIX, a formação social no capitalismo periférico transcorreu distinta das experiências dos países de industrialização original e retardatária, a começar pela ausência da formação de uma burguesia nacional em condições de conduzir o processo de industrialização no Brasil mediante projeto de desenvolvimento capitalista independente.

A prevalência inicial da hegemonia política de uma fração pré-capitalista no interior da classe dominante (comercial e primário-exportadora) se refletiu na construção de uma burguesia interna, associada ao capital estrangeiro. Sem hegemonia no interior do bloco da classe dominante da época, restou a ação subordinada aos interesses dos proprietários rurais.

Da mesma forma, coube à burocracia estatal atuar destacadamente em vários momentos da República Velha. A persistência do regime político da democracia restrita excluiu a maior parte da sociedade por longo tempo.

Por outro lado, a condição tardia da burguesia industrial no Brasil terminou sendo condicionada por dois aspectos principais. Inicialmente, destacou-se o papel do imperialismo exercido pelas potências capitalistas do final do século XIX. Por conta disso, o ingresso no capitalismo se deu condicionado pela expansão financeira que resultou na segunda fase final do ciclo sistêmico de acumulação liderado pela Inglaterra.

Naquela época, estava em marcha a primeira onda da globalização, entendida pelo domínio econômico, político, cultural e social do imperialismo. Sob o liberalismo triunfante, o capitalismo seguiu sem regulação, assentado na expectativa da dominação de produção e consumo cosmopolita na economia mundial.

Em vez da busca da autossuficiência, a interdependência gerada pela hierarquia do sistema capitalista global romperia com o isolamento de países e regiões. Assim, a dominante presença do capital estrangeiro nos complexos primário-exportadores, nos serviços públicos urbanos e nos negócios financeiros do Brasil terminou por enquadrar e limitar as possibilidades de expansão da burguesia industrial ao longo da República Velha.

A subordinação e a associação ao capital externo definiu a condição periférica da economia brasileira ao sistema capitalista mundial. Mas, como em qualquer sociedade dominada pelo mercado, a contradição entre diferentes classes e frações de classes sociais se fundamentou na medida em que novos sujeitos políticos apareceram, organizaram-se e se manifestaram por meio de mobilizações de contestação e da criação de inéditas instituições de representação de interesses (associações, sindicatos e partidos).

De outra parte, a força do capital agrário voltado às exportações dominou a condução da política econômica no regime republicano. Assim, o investimento interno na indústria no país aconteceu por vazamentos pontuais das rendas de exportação.

Ao mesmo tempo, os constrangimentos externos, tais como os impostos durante a Primeira Guerra Mundial, abriram espaço no contido mercado interno através da substituição de alguns bens manufaturados até então importados. Mas isso fazia parte da esfera de domínio dos proprietários rurais, primário-exportadores, não da burguesia industrial.

Por fim, cabe mencionar a expressão política da segunda grande transformação estrutural do Brasil pós-colonial. Por quatro décadas, a República Velha foi conduzida, praticamente, pela informalidade do regime de partido único. Sem expressão nacional, o Partido Republicano se afirmou por representações locais. Ao ser sustentado fragmentadamente por oligarquias regionais, o processo eleitoral assentou-se na força do tripé do mandonismo, do clientelismo e do coronelismo local.

A vitória do Partido Republicano em cada localidade era quase certa, tendo em vista as práticas de fraude nas juntas eleitorais. Assim, o capitalismo nascente que se fundamentou no Brasil esteve assentado na burguesia comercial e exportadora a dirigir o Estado mínimo liberal e a Federação descentralizada.

Notas

[1] Ao lado da Guerra do Paraguai (1864-1870), a Guerra de Secessão foi uma das mais graves no continente americano ao longo do século XIX. Antes da 13ª Emenda à Constituição dos EUA, responsável pelo fim da escravidão (1865), houve a aprovação, em 1862, da Lei das Terras (*Homestead Act*), que, diferentemente da Lei de Terras no Brasil (1850), estimulou a pequena propriedade na região oeste dos EUA, destoando do modelo escravista e latifundiário sulista. Ver mais: Genovese, 1988; C. Cardoso, 1982; Catton, 1960.

[2] Chacon, 1981; Porto, 2002.

[3] Schwartzman, 2007; Leal, 2012; Faoro, 2001.

[4] Prado Jr., 2008; Pochmann, 2014.

[5] Hobsbawm, 2012.

[6] C. Oliveira, 1985.

[7] Silva, 1986; Mello, 1987; Cano, 1998; Aureliano, 1999.

[8] Saes, 1985; Mazzeo, 1997; Leal, 2012.

[9] E. Prado, 2010; Bonfim, 1996.

[10] Lessa, 1990; Carvalho, 1990; Chaui, 2000.

[11] Alonso, 2010; Chalhoub, 1990; Machado, 1994; Moraes, 1986.

[12] Azzi, 1991; Matos, 2002; Pereira, 1982.

[13] Sales, 1983; Adduci, 1996; Almeida, 1995.

[14] Fausto, 1984; Kehl, 2010.

4
SOCIEDADE URBANA E INDUSTRIAL

A terceira grande transformação estrutural do Brasil pós-colonial marca a construção da sociedade urbana e industrial, após mais de quatro séculos de predomínio do primitivo e longevo agrarismo primário-exportador. Mas isso somente se tornou possível com a adoção do modelo econômico de substituição de importação definido pela força da Revolução de 1930.

A ascendência do capitalismo industrial se mostrou capaz de alterar a condição periférica pela qual o Brasil estava conectado com o centro dinâmico mundial comandado até então pela Inglaterra. Diante de duas grandes guerras mundiais (1914-1918 e 1939-1945) e da própria Guerra Fria (1947-1991), o Brasil perseguiu o projeto de modernidade ocidental submetido ao ciclo sistêmico de acumulação capitalista liderado pelos Estados Unidos.

Antes disso, o país já tinha percorrido, sem sucesso, um longo caminho em torno da industrialização; no ano de 1837, por exemplo, registrou-se a manifestação favorável à atividade industrial realizada pela Sociedade Auxiliadora da Indústria Nacional, que reivindicou a exportação de produtos manufaturados. Mais de quatro décadas depois, a fundação da Associação Industrial se apresentou mais forte na reação em defesa da indústria nacional.[1]

Em plena hegemonia do patronato rural, a fração industrial mostrou-se originalmente frágil e integrada à própria dinâmica de dominação dos interesses das classes agrárias. Por isso, a contradição maior no interior do poder burguês somente aconteceu com o abalo sísmico do sistema capitalista provocado pela Grande Depressão de 1929.

Naquele momento histórico, surgiu a inédita oportunidade da grande transformação estrutural que levou à modernização capitalista gerada por intensa diversificação do sistema produtivo, cuja consequência foi a construção das bases da nova sociedade urbana e industrial. Mesmo sem o país ter conseguido abandonar completamente as marcas do passado, uma nova época se consolidou no Brasil.[2]

Depois de quatro décadas da abolição da escravatura, a transição para o capitalismo ainda não era plena. A fragilidade orgânica da burguesia industrial era evidente, pois ainda se mantinha dependente do modelo primário-exportador conduzido pela oligarquia agrária rural em articulação com o imperialismo inglês.

O setor industrial encontrava-se até então movido no interior do complexo cafeeiro. Por conta da situação de arquipélago econômico decorrente dos enclaves locais no território, em geral mais conectados com o exterior, o mercado interno seguia muito contido e estreito para gerar suficiente dinamismo e integração nacional.

Com a burguesia industrial em formação e ainda submetida à demanda externa para crescer internamente, o projeto de internalização da produção de máquinas e insumos industriais encontrava resistência devido à elevação dos possíveis custos de produção que isso representava. No caso de São Paulo, por exemplo, a burguesia industrial não conseguiu se diferenciar das forças políticas pertencentes ao complexo cafeicultor (fazendeiros, empresas de exportação, bancos e comerciantes).

Por isso, permaneceu contrária ao movimento revolucionário de 1930. A resistência à industrialização não foi amenizada nem mesmo pela construção estatal das indústrias de base (companhias Siderúrgica Nacional, Vale do Rio Doce, Álcalis e Fábrica Nacional de Motores). Na Conferência Nacional das Classes Produtoras, em 1942, por exemplo, a manifestação empresarial foi de oposição, mesmo diante da vigência do Estado Novo (1937-1945).

Também na década de 1950, durante a campanha nacional do petróleo e, ainda, na criação da Petrobras, em 1954, o distanciamento empresarial foi notado. Da mesma forma, a Quarta Conferência Nacional das Classes Produtoras, em 1977, posicionou-se favorável à campanha contra a estatização, em defesa da livre-iniciativa e contrária ao segundo Plano Nacional de Desenvolvimento do governo Geisel.[2]

Percebe-se, portanto, uma ruptura na forma de fazer política imposta pela Revolução de 1930, que se manteve dominante por seis décadas consecutivas no Brasil, ou seja, uma ruptura na concepção da política enquanto busca e luta por conquistas no interior da sociedade urbana e industrial.

Isso foi distinto da concepção da política tratada como gestão dos interesses agrários dominantes, que prevaleceu no Império (1822-1889) e na República Velha (1889-1930). O sistema político fundamentou-se numa espécie de "democracia censitária" a favorecer fundamentalmente ricos e poderosos, pois assentada no sufrágio eleitoral restrito ao segmento social com renda, propriedade e alfabetização.

O abandono da velha concepção política de gestão dos interesses do "andar de cima" da sociedade exigiu enfrentar a tradição do mandonismo, do clientelismo e do coronelismo dos poderes locais. Para que isso pudesse ocorrer ainda que de forma gradual, houve a retirada das restrições ao voto dos brasileiros e a legalização – mesmo que controlada – das múltiplas instituições de organização e expressão do conjunto dos interesses da sociedade.

Pelo avanço da massificação da sociedade, a democracia representativa e participativa foi se estruturando gradualmente, iniciando com a eleição para a Constituinte de 1934, seguida do crescimento do voto urbano entre 1945 e 1964.

A sequência dos períodos autoritários (Estado Novo, 1937-1945, e ditadura civil-militar, 1964-1985) não interrompeu totalmente o processo eleitoral, porém contribuiu para reorganizar a correlação interna das forças políticas. Além disso, convém destacar os traços do corporativismo presentes na organização da sociedade, pois instituídos desde os anos 1930. Dessa forma, o projeto de igualdade consagrado em torno da construção da sociedade do trabalho assalariado regulado e portador dos direitos de cidadania passou a avançar dentro da perspectiva tripartite no país.

Diante de contexto internacional propício, o Brasil ousou construir o seu projeto nacional, muito diferente do que acontecia até então, cuja definição econômica interna dependia do exterior. Isso se mostrou possível por cerca de seis décadas, coincidindo com a decadência hegemônica inglesa e sua sucessão pelos Estados Unidos. No período de quase sete décadas que compreendeu duas grandes guerras mundiais (1914-1918 e 1939-1945) e a Guerra Fria (1947-1991), o mundo conviveu com uma espécie de primeira onda de desglobalização, que reduziu os constrangimentos ao desenvolvimento nacional.

Isso porque a primeira globalização capitalista, liderada pela Inglaterra, foi encerrada em 1914, com o início da Primeira Guerra Mundial. A partir daí, passou a ocorrer a redução no grau de interdependência econômica e financeira entre as nações; as novas regras de controle e de pagamentos, junto com o processo de descolonização, fortaleceram as decisões internas e a própria expansão de novos países em regime de independência nacional.

De certa forma, a economia brasileira rompeu com o passado econômico associado a uma espécie de "procissão de milagres", advindo do exterior.[3] Houve o milagre do ouro, que sucedeu o milagre do açúcar, para, na sequência do declínio da mineração, surgir outro milagre, o do café.

O maior grau de decisão nacional, possibilitado pela internalização da industrialização, transcorreu favoravelmente entre as décadas de 1930 e 1980. Nesse longo período prevaleceu o Estado industrial, cuja forma de atuação era muito distinta das restrições impostas pela ordem liberal e por seu Estado mínimo.

Exemplo disso foi a condução do modelo econômico primário-exportador, que permitiu ao Brasil se conectar mais fortemente e expandir o seu próprio mercado interno. Por meio da industrialização nacional, a integração territorial deu um salto importante na moldagem de um sistema produtivo complexo, diversificado e articulado pela perspectiva de construção de uma nova sociabilidade através do trabalho assalariado formal.

Por intermédio do amplo processo migratório do campo para as cidades, a população até então inorgânica ao capital passou a ser proletarizada no interior da nova sociedade urbana e industrial. Assim, assistiu-se ao intenso processo de constituição da classe trabalhadora orgânica ao expansionismo do capitalismo industrial, contemplado com o acesso aos direitos sociais e trabalhistas. Resumidamente: constituiu-se a cidadania regulada pelo regime de trabalho assalariado formal.[4]

Menos de meio século após o debate entre liberais e desenvolvimentistas, que marcou a década de 1940, entre o industrial Roberto Simonsen, presidente da Federação das Indústrias do Estado de São Paulo, e o professor de economia ortodoxa Eugênio Gudin, ministro da Fazenda de Café Filho (1954-1955), o país praticamente completou a industrialização. Na virada da década de 1970 para a de 1980, o Brasil e a Coreia do Sul eram os dois casos mais exitosos de industrialização em países de passado colonial.

Em plena fase monopolista do capital, o modelo de substituição de importação adotado por 60 anos havia transformado substancialmente o Brasil. Mesmo com a transição para a nova sociedade urbana e industrial, o pensamento agrarista de natureza anti-industrialista herdado do período colonial se manteve ativo.

Conforme originalmente concebido por Alberto Torres (1865-1917), o ideário da vocação agrarista do país se reproduziu por larga duração, seguido por Américo Werneck (1855-1927) e Eduardo Frieiro (1889-1982) ao longo do século XX.[5]

Por força disso, o avanço modernizador do capitalismo transcorreu demarcado por traços importantes da força do conservadorismo. Sem correlação de forças políticas suficiente para superar o arcaísmo da formação social brasileira, prevaleceram obstáculos estruturais ao avanço interno de uma nova ordem social competitiva.

Assim, a lógica de acumulação no âmbito da periferia do sistema capitalista mundial expressou singularidades consideráveis na convergência funcional do moderno com o arcaico. A experiência brasileira após a Revolução de 1930 não deixou de exemplificar o avanço da modernidade sobre as raízes do atraso.[6]

Isso porque a revolução burguesa se apresentou frágil para se desfazer de laços trazidos do passado profundo. A violência, o autoritarismo e a desvalorização do trabalho por parte das classes dominantes obstaculizaram as formas de emancipação social dos situados no "andar de baixo" da sociedade.

De forma preventiva, a contrarrevolução do patronato agrarista sempre esteve presente no panorama político nacional. Abortado em 1932, com a derrota da revolução paulista, emergiu, em 1937, o Estado Novo, e, em 1954, o suicídio de Getúlio Vargas postergou o contragolpe preventivo, realizado em 1964, cuja duração alcançou 21 anos de ditadura civil-militar.

A retomada das lutas social e sindical, ao final da década de 1970, reascendeu a perspectiva da completude da revolução nacional. Todavia, a partir dos anos 1980, o sistema capitalista ingressou na segunda onda da globalização, acompanhada pelo processo de reestruturação hegemônica dos Estados Unidos.

Com o fim da Guerra Fria, as condições necessárias para a continuidade do desenvolvimento na periferia, sobretudo ocidental, tornaram-se mais escassas. Na década de 1980, a condução política pelo alto na transição da ditadura para a democracia não permitiu mais regular o acesso do imperialismo na economia brasileira, conforme perseguido desde a Revolução de 1930.

O resultado disso foi a ascensão do neoliberalismo, bem como a reação dos governos durante o ciclo político da Nova República (1985-2016). Através da gestão das emergências nacionais, a política governamental se voltou, em geral, à postergação da catástrofe que se produziu com o desfazimento da sociedade urbana e industrial.

Nas páginas a seguir, dedicadas à terceira grande transformação estrutural do Brasil pós-colonial, analisa-se a passagem do antigo e primitivo agrarismo primário-exportador para a nova sociedade urbana e industrial. Os principais aspectos marcantes dessa inegável mudança de época na trajetória nacional se encontram descritos de forma objetiva.

Reconfiguração do centro dinâmico e reposicionamento do Brasil

O século de paz gerado pela Ordem Internacional definida no Congresso de Viena (1815), após a derrota e a queda de Napoleão Bonaparte, chegou ao fim com a explosão da Primeira Guerra Mundial (1914-1918). Concomitante com o desequilíbrio de poder entre as nações, especialmente no território europeu, as regras da livre-iniciativa do capitalismo concorrencial se tornaram disfuncionais perante as disputas imperialistas da época.

O movimento de unificação da Itália e da Alemanha a partir da década de 1870 foi acompanhado por importante avanço econômico gerado pelo salto tecnológico da segunda Revolução Industrial. Com isso, houve um acirramento ainda maior da disputa pelo acesso às novas matérias-primas e pela busca do menor custo de produção, com rebaixamento do valor da força de trabalho.

O aumento e a diversificação da produção interna de bens industriais favoreceram os próprios interesses das grandes potências internacionais. Da mesma forma, contribuíram para redistribuir suas próprias populações entre regiões por elas exploradas.

Entre a Primeira e a Segunda Guerra Mundial, diversos acordos (Liga das Nações, em 1919) e sanções econômicas (Tratado de Briand-Kellogg, de 1928) foram assinados entre as nações industrializadas, mostrando-se, porém, incapazes de estabelecer uma nova ordem mundial. Além disso, a Revolução Russa, em 1917, terminou por estruturar, pela primeira vez, uma alternativa concreta ao capitalismo, exposto a enorme instabilidade, conforme revelado pela Grande Depressão econômica de 1929.

Somente no período imediatamente subsequente ao término da Segunda Guerra Mundial do século XX, a Ordem Internacional foi estabelecida no âmbito da Organização das Nações Unidas (ONU) e de suas agências multilaterais (Fundo Monetário Internacional, Banco Mundial, entre outras). Mesmo assim, o sistema ONU funcionou com dificuldades diante da divisão de mundo imposta pela prevalência da Guerra Fria (1947-1991): de um lado, o bloco de países capitalistas liderado pelos Estados Unidos e, de outro, o bloco das nações socialistas conduzido pela União das Repúblicas Socialistas Soviéticas. E, entre esses blocos, o restante dos Estados Nacionais identificado como do Terceiro Mundo.

No período da Guerra Fria prevaleceu o combate liderado pelos Estados Unidos ao expansionismo dos ideais e da presença física da União Soviética no mundo.[8] Logo em 1946, por exemplo, o termo "Cortina de Ferro" passou a ser adotado como uma espécie de cordão sanitário a separar os países controlados pelos Estados Unidos dos demais sob influência da União Soviética.

Um ano depois, a Doutrina Truman, conduzida pelo presidente estadunidense Harry Truman (1945-1954), definiu um conjunto de políticas externas voltadas a interferir militarmente no avanço do comunismo. Para isso, houve a oferta de ajuda aos países economicamente frágeis, bem como a resposta armada aos conflitos internos dessas nações. Ademais, os Estados Unidos abandonaram a posição inicialmente definida na Conferência de Yalta (1945) com Josef Stalin (URSS) e Winston Churchill (Inglaterra).

Naquela oportunidade, a redivisão do mundo em países-satélites dos dois blocos (capitalista e socialista) havia prevalecido sobre a disposição original, por parte da Inglaterra e dos Estados Unidos, de converter as economias da Alemanha e do Japão a meras economias agrárias. Mas o avanço soviético e a prevalência da crise econômica e social do pós-guerra esvaziaram a perspectiva de retomada do desenvolvimento na Europa.

Assim, o Plano Marshall (1948-1951) se constituiu na ajuda financeira de reconstrução dos países da Europa Ocidental enquanto garantia da presença capitalista e contraponto ao expansionismo soviético. Da mesma forma, já no âmbito da polaridade da Guerra Fria, foi criada, em 1949, a Organização do Tratado do Atlântico Norte (Otan), formada por 30 países, para ajuda política e armada militar.

Atualmente, os países da Otan representam 9% da população global e respondem por cerca da metade do gasto militar do mundo. Até 1991, o Pacto de Varsóvia (Tratado de Amizade, Cooperação e Assistência Mútua), criado em 1955, era o braço político e militar armado conduzido pela União Soviética.

Por fim, deu-se a internalização do contexto da Guerra Fria em vários países, conforme a experiência política do macarthismo, que, na década de 1950, equivaleu a uma espécie de patrulha anticomunista. No bloco dos países capitalistas, prevaleceu a atuação do Estado provedor da repressão à possível ameaça soviética, contando com intensa propaganda do medo e espionagem a indivíduos e instituições.

Nesse contexto internacional, o capitalismo brasileiro, até então dependente da dinâmica imperialista, foi suavizado pela busca de maiores graus de liberdade expostos pelo desmoronamento da Ordem Internacional a partir da Primeira Guerra Mundial. Ao mesmo tempo, ocorria a disputa aberta pela sucessão inglesa na posição de centro hegemônico do mundo; em realidade, o despertar para o novo ciclo sistêmico de acumulação capitalista, potencializado pelas inovações tecnológicas abertas desde a segunda Revolução Industrial. Durante o ciclo sistêmico de acumulação liderado pela Inglaterra, a periferia do sistema capitalista estava mais exposta ao modelo econômico primário-exportador.

Isso porque a Inglaterra era superavitária em bens manufaturados e deficitária em insumos primários. Com a Grande Depressão de 1929, o modelo primário-exportador tornou-se praticamente inviável diante da emergência dos Estados Unidos, que, ao contrário da Inglaterra, eram superavitários tanto na produção de bens manufaturados como na de insumos primários.

No caso do Brasil, o complexo cafeeiro vinha perdendo eficiência desde o final do século XIX. As inúmeras iniciativas estatais de sustentação do preço do café, adotadas pela política dos governadores, somente se fizeram possíveis diante da "democracia censitária" gerida pelas oligarquias agrárias da República Velha.

Com a Revolução de 1930, a terceira grande transformação estrutural do Brasil pós-colonial ganhou força e avançou no sentido da superação do antigo modelo primário-exportador. Através da política estatal de substituição de importações, o país começou a industrialização de base, internalizando as tecnologias da primeira e da segunda Revolução Industrial.

Para isso, a instalação do Estado industrial, em substituição ao Estado mínimo liberal, foi estratégica na internalização do sistema de produção manufatureiro. Pela expansão do capitalismo industrial, o Brasil passou a se reposicionar na Divisão Internacional do Trabalho.

Gradualmente foi assumindo a posição de produtor e exportador de bens manufaturados, sendo a expansão do mercado interno sustentada pela política de substituição das importações. Com o afastamento do padrão ouro-libra e a estatização do câmbio (entrada e saída de moedas externas), o comércio exterior centrado até então no agrarismo perdeu sua importância relativa.

O Estado brasileiro tratou de absorver parte da renda do segmento agroexportador com o objetivo de financiar o avanço da industrialização. Em resumo, houve o fortalecimento do fundo público para financiar a importação de máquinas e insumos industriais necessários à montagem da política da industrialização nacional.

A reversão na política de gestão dos interesses agraristas adotada até então foi estratégica, permitindo regular a presença do imperialismo na economia brasileira. Importa ressaltar que a passagem do Brasil para o capitalismo (segunda grande transformação estrutural) estabeleceu a relação do país com o imperialismo centrado no modelo primário-exportador, cuja força agrarista predominou e subordinou o Estado mínimo liberal entre as décadas de 1880 e 1920.

A construção do Estado industrial pelas forças da Revolução de 1930 alterou a relação do país com o imperialismo. Em vez da antiga convergência entre o capital externo e o agrarismo dominante no modelo primário-exportador e controlador do Estado liberal, passou a predominar a centralidade no papel do Estado.

Pelo modelo de substituição de importação, a presença do capital externo não deixou de ser estimulada, porém passou a ser regulada pela orientação do seu ingresso na forma de um investimento direto que ampliou a produção para o mercado interno, enquanto o agrarismo perdeu posição relativa, paralelamente ao crescimento da importância relativa da burguesia industrial.

Com a terceira grande transformação estrutural do Brasil pós-colonial, uma nova relação regulada do imperialismo com a economia nacional foi estabelecida. Três foram os principais momentos históricos que marcaram o protagonismo nacional mediante a recomposição do centro do capitalismo mundial.

O primeiro momento decorreu dos acordos com os Estados Unidos diante da Segunda Guerra Mundial. Para obter acesso ao financiamento e às tecnologias necessárias à montagem da indústria de base, o Brasil abandonou a neutralidade e cedeu aos Estados Unidos.

Por estratégia nacional de viabilizar o novo modelo econômico de substituição de importação, o país liberou um espaço no Rio Grande do Norte para a construção de provisória base aérea e importou material bélico para o aparelhamento das Forças Armadas nacionais.[9] Além disso, o Brasil aderiu aos países Aliados e, finalmente, entrou na Guerra Mundial como aliado dos Estados Unidos.

Assim, a política externa do governo brasileiro conseguiu quebrar o monopólio privado da produção de aço, controlada pelos Estados Unidos e pela Europa, sobretudo pela Alemanha.

Com o empréstimo junto ao Eximbank avalizado pelos Estados Unidos, o Brasil teve acesso a recursos e tecnologia capazes de viabilizar a produção interna da indústria siderúrgica, um marco na passagem para a sociedade urbana e industrial; no mesmo sentido, com o avanço na produção de aço, deu-se a constituição da Companhia Vale do Rio Doce, que organizou e explorou os minerais do subsolo brasileiro, sobretudo o ferro.

Aberta a porta das empresas estatais, a modificação do poder do imperialismo na economia nacional ocorreu também na indústria química, com a constituição da Companhia Nacional Álcalis. Ao mesmo tempo, a associação de grandes corporações internacionais com grupos nacionais, como a Du Pont junto com ICI (Duperial), a Solvay, a Companhia Salgema Soda Cáustica e Indústria, entre outros, gerou concorrência em relação à própria Companhia Álcalis.

Também no setor de energia foi criada a Companhia Hidrelétrica do São Francisco (Chesf), a primeira empresa pública de eletricidade do país, a Petrobras e a Eletrobras. Da mesma forma, organizava-se a montagem do sistema público de financiamento, com o Banco Nacional de Desenvolvimento Econômico e Social (BNDES) e o Banco do Nordeste do Brasil, bem como a Fábrica Nacional de Motores para a produção de motores de avião e veículos de transportes, sobretudo caminhões.

O segundo momento ocorreu na segunda metade da década de 1950, quando as grandes empresas da Europa reconstruída após a devastação decorrente da Segunda Guerra Mundial buscaram novos mercados externos para fazer frente ao gigantismo da internacionalização da grande empresa estadunidense. Lembrando que, nos requisitos de acesso dos países ao Plano Marshall (1948-1951), havia uma cláusula que definia a recuperação europeia a ser feita com a presença de empresas dos Estados Unidos.

Em plena polarização mundial provocada pela Guerra Fria, o Brasil, por meio do governo Juscelino Kubitschek de Oliveira (1956-1961), abriu conversações externas para atrair investimentos diretos do exterior, inicialmente europeus. O êxito foi importantíssimo, capaz de avançar parcela imprescindível da estrutura industrial, como os setores de energia e transportes, e a produção de bens de consumo duráveis e não duráveis, como a automobilística.

Destaque-se ainda que a vinda do capital externo se deu de forma regulada, compartilhada com o capital privado nacional e estatal. Um bom exemplo foi a indústria automobilística; a atração das montadoras transcorreu desacompanhada de suas autopeças, que ficaram para a atuação de empresas privadas nacionais, assim como parte importante dos insumos seria ofertada pelas indústrias estatais.

O terceiro momento de regulação do imperialismo no Brasil pós-1930 se verificou na segunda metade da década de 1970. Durante o segundo Plano Nacional de Desenvolvimento, que praticamente concluiu a industrialização pertencente à tecnologia da segunda Revolução Industrial, o país respondeu à crise dos anos 1970 substituindo parte do que vinha do exterior por produção nacional.

Exemplos disso foram os temas da energia e do acesso à tecnologia nas indústrias eletroeletrônica e de informática. A postura do Estado brasileiro em relação ao capital externo foi alterada.

No caso do acesso à produção de energia nuclear, o acordo entre o Brasil e a Alemanha foi fundamental para a construção de usinas e o enriquecimento do urânio para fins comerciais, cuja transferência de tecnologia permitiu o avanço econômico e a ampliação da formação e da contratação de mão de obra qualificada no setor.

Destaque-se também o salto na experiência dos investimentos na indústria eletroeletrônica e de informática no Brasil. Nos anos 1970, por exemplo, a alteração no mercado de informática por intermédio da reserva de mercado ampliou o grau de integração, diversidade e complexidade do sistema produtivo nacional.

O desenvolvimento tecnológico avançou tanto em associações e fusões com empresas estrangeiras (Edisa/HP, IBM/Itautec, SID/AT&T, Microtec/DEC, Rima/Elebra Informática, Monydata/AT&T, DEC/Elebra Computadores, entre outras) como em iniciativas por parte dos fabricantes independentes de microcomputadores e periféricos (Prológica, Scopus, Labo, Microlab e outras).

Tudo isso precisou contar com a desmontagem da hegemonia política que a fração mercantil possuía no interior da classe dominante. Para colocar o Estado ainda mais a serviço da estratégia nacional e do fortalecimento do mercado interno através da integração urbana e industrial, o sistema de representação política do partido único (republicano) que sustentava a democracia censitária da oligarquia foi desfeito.

Com a universalização do voto secreto e a criação da Justiça Eleitoral, a reprodução do mandonismo, do clientelismo e do coronelismo foi gravemente atingida. Sob a ordem burguesa industrial, especialmente concentrada nos estados do Rio de Janeiro e de São Paulo, a força política da classe média assalariada urbana e da classe operária se expandiu.

O velho agrarismo perdeu gradualmente a centralidade no interior do poder político central, sem abandonar, contudo, suas regalias e forças reativas no cenário nacional. Sem condições políticas para levar avante as reformas clássicas do capitalismo contemporâneo (tributária, fundiária e social), a modernização avançou, porém restringida pela força do conservadorismo moderno. Enquanto o antigo latifúndio permaneceu praticamente inalterado, a internalização dos direitos sociais e trabalhistas no campo, a partir do Estatuto do Trabalhador Rural, em 1963, ocorreu concomitantemente ao salto de modernização agropecuária nos anos 1970.

Além disso, 59% do total do valor da produção dos estabelecimentos rurais era advindo da produção capitalista no campo em 1970, chegando a 81% somente em 2017. Ou seja, a presença de formas de produção não capitalistas no meio rural seguiu por longo tempo, distante do movimento urbano, em condições próximas à servidão, em ocupações posteriores ao fim do trabalho escravo.[10]

No meio urbano, especialmente nos grandes centros metropolitanos, o assalariamento se expandiu, produto da proletarização de parcela crescente da força de trabalho vinda do campo. Desde 1943, com a implementação da Consolidação das Leis do Trabalho, a perspectiva de construção da sociedade salarial, reguladora da cidadania nacional, progrediu até se tornar dominante ao final dos anos 1970.

O movimento de internalização do padrão de produção e consumo manufatureiro transcorreu quase como uma cópia estadunidense, privilegiando os segmentos de maior rendimento. Ainda que de forma socialmente desigual, o Brasil deixou de ser mero consumidor e importador de bens manufaturados para, através da internalização da produção, constituir a nova sociedade urbana e industrial.

Concomitante com o rápido deslocamento da população do campo para as cidades, o modelo de substituição de importação permitiu que o Brasil se reposicionasse na era industrial. Também decorreu da terceira grande transformação estrutural do Brasil pós-colonial a concentração do dinamismo e da produção manufatureira na região Sudeste, especialmente no estado de São Paulo.

Em grande medida, a política de industrialização dos governos entre as décadas de 1930 e 1980 se caracterizou por se recompor com uma base social alargada que pudesse se contrapor à oposição da classe dominante agrária. Além disso, nem sempre o projeto de sociedade urbana e industrial contou com amplo apoio do empresariado, inclusive industrial, que, em diferentes momentos, resistiu à política estatal industrializante.

Diante disso, as classes trabalhadoras urbanas constituíram a base social alargada na defesa do desenvolvimentismo, contemplando reivindicações populares nem sempre atendidas pelos governos da época. Contou, para isso, a formação da classe média assalariada proporcionada pela ação do novo Estado industrial, que manteve ativa a luta pela industrialização nacional.

Modernização capitalista conservadora na sociedade urbana e industrial

A terceira transformação estrutural do Brasil pós-colonial significou transitar do padrão de reprodução do capital assentado no modelo primário--exportador para o capitalismo industrial. Com isso, o país conseguiu estabelecer as bases da nova sociedade urbana e industrial na periferia do sistema capitalista mundial.

Por meio século, o Brasil registrou notável desempenho econômico e social, posicionando-se entre os países de maior ritmo de expansão produtiva mundial. Em 1980, por exemplo, respondia por 3,2% da economia mundial, enquanto em 1930 mal alcançava 1%.[11]

Diante da condição periférica, as fragilidades financeiras e tecnológicas eram inegáveis, pressupondo a sua dependência em relação ao centro dinâmico. A conversão da indústria em setor mais dinâmico e principal responsável pela diversificação produtiva e social, bem como em geradora de renda interna no país, pressupôs a construção do Estado moderno portador de nova política econômica e social.

Para isso, houve o reconhecimento do protagonismo de, pelo menos, duas significativas forças sociais que sustentaram, ao longo do tempo, a construção da sociedade urbana e industrial: os novos sujeitos sociais e as dissidências no interior das oligarquias regionais.

A primeira força social surgiu da reestruturação de classes e frações de classes sociais produzida pelo avanço do capitalismo industrial. Por ser heterogênea, assumiu distintas linhagens de atuação política (revolucionária e reformista), caracterizando-se basicamente pela presença pronunciada no interior da nova sociedade em formação das classes médias urbanas, civil e militar, e da classe operária.

A perspectiva revolucionária teve importância inicial pela força sociopolítica do anarquismo e do comunismo, entre outras correntes ideológicas, convergentes com a organização no interior da velha e da nova classe trabalhadora desde o final do século XIX. Considerando que o anarquismo perdeu força a partir da Revolução de 1930, as duas experiências principais do levante armado na esquerda foram realizadas com apoio dos partidos comunistas, cuja ilegalidade prevaleceu por longo tempo, especialmente entre 1947 e 1985.

Em 1935, por exemplo, o levante armado comunista resultou de um conjunto de iniciativas revolucionárias que foi mais expressivo da presença de militares do que da classe trabalhadora propriamente dita. A Aliança Nacional Libertadora, que o organizou, agiu em consonância com o Partido Comunista Brasileiro (PCB) e o Komintern situado na União das Repúblicas Socialistas Soviéticas.

Mais de três décadas depois, a luta armada prosseguiu novamente composta por grupos de esquerda, com suporte do Partido Comunista do Brasil (PCdoB).

Especialmente entre 1968 e 1972, a ação das guerrilhas, rural e urbana, foi adotada como enfrentamento à ditadura civil-militar (1964-1985) e em defesa do retorno democrático.

Da perspectiva reformista, havia o reconhecimento de que as novas bases da sociedade urbana e industrial pressuporiam ações e reações próprias a partir da atualização das instituições existentes. Isso porque a mudança no padrão de vida arcaico, decorrente da sociedade agrária, era movida pela modernização da estrutura social capitalista, responsável pelo solapamento de valores e posturas organizativos pretéritos do agrarismo.

Para que essa modernização capitalista não fosse conservadora, as reformas econômicas e sociais não deveriam ser postergadas. Pela construção do Estado industrial, a possibilidade de viabilizar a cidadania ocorreu regulada pelo assalariamento formal.

Assim, o reformismo buscou contemplar os novos sujeitos sociais com, pelo menos, três linhagens ideológicas e organizativas distintas. Inicialmente, o movimento tenentista enquanto força das reformas do capitalismo primário--exportador da República Velha. Para tanto, houve a defesa das mudanças institucionais capazes de viabilizar a construção do Estado moderno, com novo sistema eleitoral e centralidade administrativa acompanhados de planejamento governamental e intervenção estatal na economia. Embora personalidades do movimento tenentista se mantivessem presentes ao longo da vigência da sociedade industrial, sua capacidade organizativa começou a enfraquecer a partir da década de 1940. Isso porque as Forças Armadas terminaram sendo reconfiguradas por alterações em suas hierarquias internas que, ao valorizarem mais o generalato, substituíram a política praticada nos quartéis pela política do Exército, mais presente nas ações do Estado. A partir dos anos 1960, passou a prevalecer fundamentalmente a visão ideológica militar dominada pelo contexto da Guerra Fria (1947-1991).

A segunda linhagem ideológica e organizativa do reformismo foi o movimento católico, que se apresentou como oportunidade de avançar na educação em disputa pela formação das novas elites urbanas. Ao mesmo tempo, ocorreram as ações voltadas à integração dos novos sujeitos, especialmente no interior da classe trabalhadora.

De imediato, houve a implementação dos ciclos operários e a atuação por dentro do sindicalismo corporativo desde 1930. Duas décadas depois, especialmente no final dos anos 1960, teve início a ação organizativa da Teologia da Libertação, principalmente nos centros urbanos, com populações da periferia.

Por fim, a terceira linhagem do reformismo esteve presente nas correntes do positivismo e do corporativismo, enfatizando a tutela dos novos sujeitos sociais. A preocupação com conflitos decorria do risco de comprometimento da coesão e da ordem interna nacional.

A proposição do novo ordenamento da sociedade urbana e industrial fundamentada no corporativismo se diferenciou profundamente das visões liberal e comunista. Assentados no comando do Estado a controlar o conjunto do corpo social por intermédio da organização tripartite, a ordem e o progresso poderiam ter futuro no interior da nova sociedade industrial.

O sistema de representação e regulação das relações entre o capital e o trabalho foi a experiência mais avançada do corporativismo no Brasil. Na administração pública, a burocracia militar e civil constituiu-se pela via do Estado moderno após a Revolução de 1930, com a atuação também da tutela sobre a sociedade.

Justificada pela originalidade da força privada dos poderes locais herdados da República Velha, a ação da burocracia pública se estabeleceu, muitas vezes, pela gestão autocrática/tecnocrática do Estado. Dada a política de organização dos diferentes interesses no interior da sociedade de classes, coube ao Estado difundir a presença de agências, conselhos, comissões, entre outros, mediados pela imposição das burocracias públicas.

Diferentemente da modalidade corporativista, o autoritarismo também se moveu no interior da sociedade urbana e industrial em construção. Para além de solução temporária do uso da violência e da repressão nos momentos históricos críticos, prevaleceu, muitas vezes, a formulação autoritária do Estado perante conflitos, em geral tratados como anomalia social, ameaçadora do progresso e, sobretudo, da ordem.

Como exemplo, temos a experiência dos governos autoritários instituídos por golpe de Estado. O Estado Novo (1937-1945) serviu aos propósitos políticos da época de fazer avançar a sociedade industrial sob o controle organizado do Estado, com diversas mudanças econômicas e sociais à margem da democracia.

Da mesma forma, a ditadura civil-militar (1964-1985) também operou conservadoramente a modernização capitalista, com diversas e inegáveis alterações econômicas e sociais no país. De forma autoritária, respondeu ao movimento de oposição consentida, impondo regime de rápido crescimento econômico com exclusão social.

As duas experiências autoritárias e violentas, antes mencionadas, destacaram-se pelo duplo caráter anticomunista e antiliberal. Ao perseguirem a modernização capitalista de forma conservadora, comportaram-se como uma espécie de contrarrevolução preventiva.

A segunda força social conformada pelas dissidências no interior das oligarquias agrárias favoreceu, em diversas oportunidades, a realização de alianças políticas capazes de avançar a nova sociedade urbana e industrial. Mesmo assim, o velho agrarismo sobreviveu quase intacto.

Por estarem mais interessadas na reacomodação dos seus próprios interesses no interior do novo governo, as dissidências do reacionarismo agrarista se contrapuseram, em geral, a qualquer possibilidade de ruptura, buscando se ajustar ao curso da própria força da mudança de época. Registraram, assim, a fundamental participação na frente política antiliberal que interrompeu a trajetória pregressa do capitalismo primário-exportador, proveniente da República Velha.

Mas isso não impediu que o encaminhamento do projeto de sociedade urbana e industrial percorresse inéditas encruzilhadas históricas. Marcadas pela polarização e por levantes armados reacionários, provenientes das tradicionais oligarquias agrárias, as forças do imperialismo não deixaram de se fazer presentes entre as décadas de 1930 e 1980.

Como exemplo disso, pode-se citar o levante armado de 1932, protagonizado por uma dessas forças da oligarquia agrária no estado de São Paulo; com duração de três meses, a revolta armada gerada no interior do complexo cafeeiro apontou a insatisfação com os novos rumos do país.

O crescimento da centralização estatal e o novo formato da atuação política nacional colocaram na oposição quase permanente a força do agrarismo exportador. Sem deterem a hegemonia no interior da classe dominante, as forças reacionárias contrárias à sociedade urbana e industrial seguiram defendendo o receituário liberal.

Opunham-se à intervenção estatal que não fosse em favor da retomada do modelo econômico primário-exportador. Além disso, o sistema censitário de eleições fraudadas que prevalecia na República Velha deu lugar à ocupação política nas unidades federativas através dos interventores estaduais.

Resultado da Revolução de 1930, os novos intendentes, muitos deles tenentistas, favoreceram a implantação do novo modelo de administração burocrática do Estado em todo o país.[12] A transição do Estado liberal, assentado no modelo administrativo patrimonialista, iniciou-se com uma administração pública burocrática submissa às leis e regras socialmente estabelecidas. Por meio da impessoalidade, do profissionalismo e do formalismo dos procedimentos, conforme propostos originalmente pelo Departamento Administrativo do Serviço Público (Dasp), o Estado moderno foi constituído no Brasil.

Na sequência, houve o levante integralista operado pela milícia da Ação Integralista Brasileira (AIB). Entre os anos de 1932 e 1938, a AIB foi a organização social que primeiro atuou como partido de massas no país.

Diante do descenso das estruturas políticas oligárquicas, os centros urbanos passaram a deter importância na política nacional. Em função disso, o "fascismo abrasileirado" construiu capacidade de envolver apoios de segmentos médios, empresários e até do operariado. Também cabe destacar a presença do partido nazista, que por dez anos atuou oficialmente no Brasil. Constituído cinco anos antes da ascensão de Hitler na Alemanha, o partido nazista se organizou em 17 estados brasileiros, sendo identificado como a maior seção fora da Alemanha durante o Terceiro Reich (1933-1945).

Diante do processo de modernização capitalista promovido entre as décadas de 1930 e 1980, a sociedade brasileira se alterou profundamente. Mesmo que não tenha conseguido romper com a dependência do capital externo, constituiu um dos mais importantes sistemas produtivos complexos e integrados nacionalmente do mundo.

Incapaz, todavia, de alterar o processo de redistribuição de renda e riqueza, o mercado interno de consumo de massas cresceu, embora mantendo parcela significativa da população excluída. Assim, a pobreza em larga escala no campo se deslocou para as cidades.

Com isso, a urbanização no país guardou certo compromisso com a visão de branqueamento defendida pelas classes dominantes no meio rural. As periferias das grandes cidades se caracterizaram por manterem pobres – sobretudo negros e miscigenados – em condições de trabalho, moradia e vida extremamente precárias.

Limites da cidadania regulada pelo trabalho assalariado

A estruturação do mercado interno impulsionada pelo modelo de substituição de importação resultou na superação da "vocação agrarista" mantida desde o ingresso do Brasil no capitalismo mundial. Por cerca de seis décadas, a centralidade da construção da sociedade urbana e industrial nas agendas governamentais foi acompanhada pela construção da cidadania regulada pelo trabalho assalariado.

O enfrentamento da posição periférica da economia nacional estabeleceu os pilares pelos quais emergiram os novos sujeitos sociais. Em decorrência da transição do antigo agrarismo para a moderna sociedade urbana e industrial, a classe média assalariada e o operariado industrial ganharam maior expressão.

No mesmo sentido, as políticas de valorização e generalização do trabalho assalariado formal fortaleceram o projeto de cidadania regulada através do acesso aos diretos sociais e laborais, à representação classista e à justiça trabalhista.

O sentido da regulação nacional do mercado de trabalho urbano ganhou forma com a legislação instalada a partir da década de 1930 até se transformar na Consolidação das Leis do Trabalho (CLT) em 1943, durante o Estado Novo (1937-1943). Na sequência, a implementação da Estatuto do Trabalhador Rural, em 1963, favoreceu a incorporação dos trabalhadores rurais, que se mantinham até então excluídos, à legislação social e trabalhista.

Por fim, a Constituição de 1988 tratou de diminuir as desigualdades no acesso à regulação social e trabalhista para o conjunto da classe trabalhadora. Tudo isso se mostrou fundamental para a disseminação do regime do assalariamento, especialmente através do emprego formal (com carteira de trabalho assinada).

Em pouco mais de meio século, o mundo do trabalho havia sido alterado profundamente no Brasil. Mas isso não significou a plena estruturação do mercado de trabalho, com importante presença ainda do assalariamento informal e das ocupações não assalariadas.[13]

Dado o avanço da urbanização e da industrialização, o emprego nas cidades foi o que mais cresceu, respondendo por quase 70% do total das ocupações abertas entre os anos de 1940 e 1980. O ritmo de expansão de todos os postos de trabalho equivaleu ao crescimento da própria População Economicamente

Ativa (PEA), o que permitiu tornar pleno o funcionamento do mercado de trabalho, com baixa presença do desemprego aberto.

Mesmo assim, isso não significou a ausência da precarização e de outros males do subdesenvolvimento, como a desigualdade, o baixo rendimento, a informalidade e a ampla presença nas ocupações não assalariadas e sem remuneração. A taxa de precarização (soma dos postos de trabalho de assalariamento informal, por conta própria e sem remuneração em relação ao total da força de trabalho ocupada) foi reduzida significativamente, pois decaiu de 85% da PEA, em 1940, para 45% da PEA, em 1980.

Ao mesmo tempo, idêntica constatação é feita acerca da expansão da taxa de assalariamento (emprego assalariado em relação ao total dos ocupados). Entre os anos de 1940 e 1980, a taxa de assalariamento saltou de 45% para 65% do total dos ocupados, apontando o movimento de estruturação do mercado de trabalho brasileiro.[14]

Do conjunto de ocupações abertas no mesmo período, 4/5 eram preenchidos por assalariados, sendo que, em 1980, 1/3 do total dos ocupados ainda permanecia fora do regime do assalariamento. Mas, de todos os ocupados, quase 51% eram empregados assalariados formais em 1980, enquanto em 1940 esse número não atingia 13%.

Por outro lado, mais de 35% dos assalariados ainda não tinham contrato formal de trabalho em 1980, quando em 1940 quase 72% dos empregados assalariados eram informais, por ausência de registro em carteira de trabalho. Note-se, portanto, como a implantação da legislação social e trabalhista, com forte amparo no padrão corporativo de relações de trabalho, contribuiu para avançar a estruturação do mercado de trabalho durante a constituição da sociedade urbana e industrial.

Por conta disso, o conceito de categoria profissional foi essencial para estabelecer a organização e o financiamento dos sindicatos, ao mesmo tempo que favoreceu as negociações e os acordos coletivos de trabalho, bem como a atuação da Justiça do Trabalho.

Nas décadas de 1930 a 1950, por exemplo, a legislação social e trabalhista, centrada na atuação importante do Estado (Ministério do Trabalho e Justiça Trabalhista), focou, fundamentalmente, o mundo do trabalho urbano diante da reiterada resistência do patronato rural a qualquer forma de regulação pública do trabalho no campo.

Foi somente a partir da aprovação do Estatuto do Trabalhador, na década de 1960, quando a população agrária deixou de ser dominante na população nacional, que, lenta e gradualmente, as ocupações do meio rural foram sendo incorporadas ao sistema público nacional de relações de trabalho. E somente na Constituição de 1988 os direitos sociais e trabalhistas dos trabalhadores rurais se aproximaram daqueles dos empregados urbanos assalariados.

Por meio da análise do projeto de construção da cidadania regulado pelo trabalho assalariado formal, observam-se os limites impostos pela condição de país subdesenvolvido. A presença da miséria e da fome entre grande parte da população exposta ao atraso econômico e social, embora decrescente no total da população, acompanhou a passagem para a nova sociedade urbana e industrial.[15]

Tudo isso diante do reposicionamento do Brasil na Divisão Internacional do Trabalho. Com a substituição do modelo econômico primário-exportador, o sistema produtivo incrementado pela industrialização e pela urbanização se voltou para o atendimento ao mercado interno.

Nesse sentido, a confirmação do crescimento econômico em novas bases materiais passava a permitir a inclusão pelo emprego urbano e assalariado formal das grandes massas sobrantes do modelo primário-exportador pertencente à antiga sociedade agrária. Na nova sociedade urbana e industrial, o acesso ao mercado interno era a fonte da difusão do consumo material e cultural pela população.

Em vez da estagnação hierárquica prevalente no antigo e longevo agrarismo, a modernização capitalista protagonizou significativa mobilidade social ascendente. Porém, mesmo com a industrialização, a desigualdade prevaleceu, caracterizada pela marcante concentração de renda, riqueza e poder.[16]

Em resumo, o país conseguiu internalizar o projeto de modernidade técnico--produtiva própria da segunda Revolução Industrial. Não sem problemas, o Brasil se aproximou da estrutura produtiva das economias capitalistas avançadas ao final dos anos 1970, mas carregou consigo a conformação de país demarcado por desigualdades materiais e hierarquias de poder entre novos e velhos sujeitos no interior da sociedade urbana e industrial. Ao mesmo tempo, a modernização capitalista se fez conservadora, pois mediada por autoritarismo e regime político antidemocrata.

Na sociedade de consumo em massa em construção, os valores mercantis assumiram maior centralidade do que a liberdade e a igualdade, por exemplo. As alterações transcorridas na estrutura produtiva possibilitaram o trânsito do primitivo e longevo agrarismo para a sociedade urbana e industrial, impulsionadas que foram pelo projeto trabalhista de cidadania regulada.

Apesar disso, a política do trabalhismo, que tinha como centralidade a superação do subdesenvolvimento em prol do bem-estar social, se fundamentou na orientação principal no conjunto da classe trabalhadora, sobretudo de base manufatureira. No contexto mundial do entreguerras (1914-1918 e 1939-1945) e da própria Guerra Fria (1947-1991), o Brasil encontrou terreno fértil para avançar materialmente a vontade nacional interna.

Mas isso não impediu que as forças conservadoras e antidemocráticas reagissem ao trabalhismo, seguindo contrárias às reformas de base, à consolidação democrática e ao avanço do projeto de igualdade. A implementação do projeto trabalhista transcorreu no curso imediato das primeiras medidas do governo revolucionário de Getúlio Vargas (1930-1945), tendo como expressão emblemática inicial a criação do Ministério (da Revolução) do Trabalho, Indústria e Comércio.

Por meio da ação direta sobre os interesses da velha oligarquia agrária, coube ao Estado moderno, que se consolidou com o Estado Novo (1937-1945), o protagonismo de alterar a realidade econômica, social, política e cultural até então existente por meio de intensas e extensas iniciativas reformistas das normas constituídas pela nova elite dirigente.

Nesse aspecto, o movimento em torno do planejamento e da centralização governamental se deu por intermédio de políticas públicas alinhadas à superação do modelo administrativo descentralizado e patrimonialista do passado, assentado nas forças do atraso dirigidas pelo sistema político dominado por "coronéis" desde o Império.

Mas, para isso, o governo revolucionário de 1930 precisou construir nova maioria política, agregando as forças antiliberais até então existentes (fascistas, comunistas, católicos e outros) até que houvesse a consolidação de novos sujeitos sociais. Com a classe trabalhadora se alastrando devido à marcha da industrialização e da urbanização nacional, o fluxo migratório do campo para a cidade foi sendo incorporado crescentemente.

De forma inédita, o racismo estrutural começou a ser enfrentado após a República Velha – que, durante o período pós-abolicionista, continuou aceitando as teses de superioridade racial. Em função disso, as bases da formação da classe trabalhadora no capitalismo nascente no país foram conformadas, especialmente no Centro-Sul brasileiro, por imigrantes.

Na época, as instituições de representação dos interesses dos trabalhadores, que eram protagonizadas por associações, sindicatos e partidos políticos, estiveram fortemente induzidas por ideologias trazidas do exterior (catolicismo, anarquismo e comunismo). A partir da Revolução de 1930, o Ministério do Trabalho recebeu as atribuições de organizar, regular e proteger o funcionamento do mercado de trabalho brasileiro.

Em parte, o projeto do trabalhismo se assentava na construção da sociedade salarial regulatória da cidadania atendida por direitos sociais e trabalhistas. Para tanto, defendia a nacionalização do mundo do trabalho, cujas limitações crescentes ao ingresso de imigrantes estrangeiros apontavam para o destino do trabalhismo, que seria tornar a classe trabalhadora governante do país.

Após o fim do Estado Novo, a implantação do sistema partidário viabilizou a criação e a estruturação do Partido Trabalhista Brasileiro (PTB) enquanto instrumento de reprodução e canalização do projeto de continuidade do trabalhismo. No regime democrático vigente no segundo Pós-Guerra (1945- -1964), o sucesso eleitoral do PTB se tornou evidente, por conta do exercício da Presidência da República na chapa PSD-PTB, com Gaspar Dutra (1946-1951), Getúlio Vargas (1951-1954), João Goulart de vice-presidente eleito no mandato de JK (1955-1961) e de Jânio Quadros, em 1961, quando Jango assumiu o posto de presidente da República até a sua deposição pelo golpe civil-militar de 1964.

A partir dos anos 1980, no segundo período de retomada democrática, o PTB perdeu efetividade, distanciando-se do protagonismo experimentado até 1964. Simultaneamente, a força do trabalhismo se manteve viva na prevalência do sistema corporativo de relações de trabalho e da representação política do Partido Democrático Trabalhista (PDT) e do Partido dos Trabalhadores (PT), cuja presença marcante transcorre, posteriormente, no exercício da Presidência da República por Lula (2003-2010) e por Dilma (2011-2016), até o impedimento desta última, sem provas, em 2016.

Em sua longa experiência de dimensão nacional iniciada com a Revolução de 1930, o trabalhismo não se apresentou como projeto nacional voltado à superação capitalista. Foi a partir da crítica ao domínio liberal que se buscou construir uma via própria de reformas capitalistas, sob o protagonismo da classe trabalhadora nacional em construção.

Em relação a outros projetos nacionais reformadores do capitalismo ao longo do século XX, o trabalhismo no Brasil apresentou especificidades. Diante dos inegáveis obstáculos ao desenvolvimento capitalista em sua periferia mundial, e por conta da presença interna de poderosas forças conservadoras resistentes às mudanças em prol do labor, o trabalhismo caracterizou-se por distinguir entre ocupado e não ocupado. Ao separar formalmente o empregado assalariado formal e o informal, o protegido e o não protegido, o representado e o não representado, entre outros, fez com que as disputas pelo acesso aos mecanismos de inclusão se tornassem muito intensas, sobretudo quando comparadas com a luta de classes.

Destaque-se a prevalência de uma estrutura organizacional da representação dos interesses laborais prévia à massificação da classe trabalhadora em dimensão nacional. Distante da expectativa liberal do aguardo espontâneo da arrumação da classe trabalhadora, o trabalhismo fincou suas raízes no sistema corporativo das relações de trabalho.

Assentado no reconhecimento e no financiamento oficial do sindicalismo e na implantação da Justiça do Trabalho, o trabalhismo buscou dirimir os conflitos, consolidando os direitos sociais e trabalhistas, com importante atuação do associativismo laboral. Seja na estrutura sindical corporativa, seja no perfil das entidades partidárias do trabalhismo, prevaleceram a incorporação e a representação de uma classe trabalhadora que ia muito além do operariado situado no âmbito da produção manufatureira.

Pela descrição de seus principais dirigentes, nem sempre lhes foi possível se manterem, com o passar do tempo, próximos às massas de trabalhadores. O traço marcante da burocratização no interior das entidades corporativas de representação de interesses – contido, inclusive, no peleguismo – comprometeu e distorceu o projeto original do reformismo trabalhista.

A transformação da classe trabalhadora, de majoritariamente agrária até a década de 1960 para urbana e com forte ênfase industrial, avançou consideravelmente até o final da década de 1980. Acompanhado da política de cidadania regulada, o universo do emprego assalariado formal se tornou dominante no interior da classe trabalhadora no país.

Mas isso não significou a estruturação completa do mercado de trabalho, pois encontrou limites a partir de 1990, quando o país abandonou o projeto de industrialização nacional para regredir ao modelo econômico primário-exportador. No capitalismo periférico, a referência à centralidade do trabalho regulado e em prol da classe trabalhadora recebeu forte oposição das forças antilabor durante a terceira grande transformação estrutural do Brasil pós-colonial que respondeu pela transição para a sociedade urbana e industrial.

Considerações finais

Com a construção do Estado industrial a partir da Revolução de 1930, a terceira grande transformação estrutural do Brasil pós-colonial se fez presente através da superação da longeva e primitiva sociedade agrária. Com o fim do Estado liberal, prisioneiro quase exclusivo dos interesses dominantes das oligarquias agrárias regionais, os novos sujeitos sociais, próprios da expansão do capitalismo nascente, puderam ser incorporados.

Para isso, a questão social pujante desde o início do século XX deixou de ser tratada como caso de polícia, ou seja, por meio de violência e repressão, como ocorria durante a República Velha. A partir da Revolução de 1930, o tema da imigração externa e interna, do operariado e da classe média urbana passou a ser estruturado como política pública no interior do novo Estado industrial.

Com a decadência inglesa, enquanto centro dinâmico do sistema capitalista que assumia sua face monopolista, a segunda Revolução Industrial se consolidou, acompanhada do acirramento da competição imperialista das grandes potências mundiais da época. Com isso, o antigo modelo econômico primário-exportador perdeu dinamismo e se fragilizou, tornando-se politicamente insustentável internamente.

Desde a passagem para o século XX, uma série de iniciativas de subordinação do Estado liberal teve de ser adotada com o objetivo de sustentar os lucros do complexo cafeeiro. Com a Grande Depressão de 1929 a explicitar o esgotamento da segunda fase de expansão financeira do ciclo sistêmico de acumulação liderado pela Inglaterra, o contexto da Guerra Mundial (da Primeira e da Segunda) entre 1914 e 1945 se manteve presente nas quatro décadas seguintes por força da Guerra Fria.

A corrida armamentista evidenciada pela polarização entre os blocos capitalista e comunista abriu espaço para que a agenda do desenvolvimento fosse viabilizada como impulso agregador de países, sobretudo no denominado Terceiro Mundo: por um lado, a consagração do novo ciclo sistêmico de acumulação liderado pelos Estados Unidos e, por outro, a viabilização da alternativa ao capitalismo expressa desde a Revolução Russa de 1917.

Naquele cenário internacional bipolar, países periféricos do capitalismo, como o Brasil, até então subordinados ao domínio do imperialismo inglês, conquistaram alguns graus de liberdade fundamentais para a experimentação do desenvolvimentismo nacional. Mas, para isso, era necessário superar internamente a antiga maioria política assentada no modelo econômico primário-exportador.

A Revolução de 1930, que resultou de um conjunto de insatisfações internas acumuladas desde a greve geral de 1917, passando pela diversidade de situações próprias da vibrante década de 1920 (Semana de Arte Moderna, criação do PCB, ascensão tenentista com a Coluna Costa-Prestes, Revolução Paulista de 1924 e outras), abriu caminho para o enfrentamento do atraso nacional. Para tanto, foi necessária a superação de entraves à formação de uma nova maioria política, capaz de impor nova capacidade de governança no país.

Nesse sentido, a Revolução de 30 construiu o novo Estado industrial, direcionado à internalização de estrutura produtiva decorrente da primeira e da segunda Revolução Industrial. Da mesma forma, abriu caminho para a construção de nova maioria política interna, dado que o conflito aberto no cenário internacional favoreceu o deslocamento da antiga conexão mais direta com a Inglaterra para a nova conexão com os Estados Unidos.

O acordo com o governo dos Estados Unidos desde o início da Segunda Guerra Mundial viabilizou a inédita internalização das indústrias de base (CVRD, CSN, Álcalis, FNM) no Brasil. Com acesso ao crédito e à tecnologia, o salto industrializante começou a se fazer realidade.

Do mesmo modo, embora em circunstâncias distintas, outros dois momentos internacionais específicos terminaram por levar mais à frente o capitalismo industrial no país. Destaquem-se, assim, as importantes experiências ocorridas nos governos de JK, na segunda metade da década de 1950 (Plano de Metas), e de Geisel, na segunda metade da década de 1970 (II Plano Nacional de Desenvolvimento).

Tudo isso terminou por favorecer a constituição de uma maioria política interna, cujos interesses foram sendo concomitantemente contemplados pela industrialização, o que não significou a ausência de oposição, especialmente das forças derivadas do agrarismo primário-exportador, bem como do imperialismo. Ocorre que, desde a fragmentação agrarista estabelecida nas eleições de 1930, a dissidência intraoligárquica fragilizou a antiga maioria política que perdeu posição relativa no interior da classe dominante do país.

Em diversas oportunidades, a força do agrarismo exportador se colocou contrária ao avanço da sociedade urbana e industrial. Nos mais distintos levantes e golpes políticos, o poder primário-exportador exerceu oposição acirrada, demarcada pela defesa do liberalismo de vocação agrícola, do Estado liberal, da descentralização administrativa e da retomada do poder local.

Diferentemente de alguns poucos países periféricos, especialmente situados na Ásia, como os chamados Tigres Asiáticos (Coreia do Sul, Taiwan, Hong Kong e Singapura), favorecidos pela Guerra Fria, o Brasil não dispôs do apoio espontâneo do exterior ao seu desenvolvimento interno. Não fosse a capacidade de organizar e promover internamente as condições políticas para a articulação financeira e tecnológica, a internalização do sistema produtivo, próprio da segunda Revolução Industrial, jamais teria alcançado o êxito obtido em apenas meio século.

Para tanto, foi necessário o abandono do sistema político pautado na continuidade das grandes fraudes eleitorais presentes no período entre 1842 e 1930. Durante a República Velha, por exemplo, a persistência do sistema informal de partido único representado pelo Partido Republicano, em suas diversas seções estaduais, permitiu a prevalência da imoralidade política, quando o voto era aberto, chamado de cabresto, na medida em que era controlado pelo coronelismo que liderava os poderes locais em quase todo o país.

Ademais, a denominada "democracia censitária" constituiu a base pela qual a arquitetura da exclusão social no Brasil se reproduziu continuamente. Pelo voto seletivo, que privilegiou parcela ínfima da população, a República Velha atuou como um clube político fechado, com o Estado mínimo liberal praticando a repressão e a violência em profusão contra os excluídos do capitalismo nascente.

A Constituição de 1891 proibiu o voto de analfabetos e condicionou a participação ínfima de eleitores. Na última eleição da República Velha, em 1930, a quantidade de eleitores participantes equivaleu a apenas 5% da população, ao passo que na primeira eleição republicana, realizada em 1894, a presença de eleitores representou apenas 2,2% do total dos residentes no Brasil.

Com o novo sistema eleitoral implantado pela Revolução de 1930, a primeira eleição realizada em 1932 continha a inédita presença da Justiça Eleitoral, o voto secreto e a participação do eleitorado feminino. Nas eleições presidenciais de 1945, por exemplo, a quantidade de eleitores equivaleu a quase 13% da população do país, ao passo que em 1989, na primeira eleição para presidente da República após a ditadura civil-militar, o número de votantes alcançou 40% do total de residentes no país.

Assim, a passagem para uma nova sociedade urbana e industrial foi acompanhada pela estruturação de novas instituições públicas, cujas regras de comportamento e controle competitivo interno estabeleceram outro patamar de relação com o imperialismo. Com a montagem do Estado industrial, tornou-se possível fortalecer as novas forças econômicas e sociais (industriais, operariado, classe média assalariada e outros) sem que os antigos segmentos desaparecessem da sociedade.

A frente de forças políticas de caráter antiliberal, em parte estruturadas pelo sistema corporativo, atuou desde a década de 1930 como resposta ao espontaneísmo liberal e à própria modalidade comunista. Assim, pretendeu-se amenizar os riscos próprios da polarização de uma sociedade urbana de massas em construção, pois submetida à lógica capitalista de produção dominada pelo sistema industrial, complexo e diversificado.

Por essa perspectiva, a defesa da ordem e do progresso como valores positivistas assumiu maior centralidade, presente, em maior ou menor medida, entre os diversos governos autoritários e democráticos entre as décadas de 1930 e 1980 no Brasil. As reformas civilizatórias, clássicas do capitalismo contemporâneo, como agrária, tributária e social, terminaram sendo bloqueadas continuamente pela oposição liberal agrarista e exportadora.

Por isso, o inegável avanço do processo de modernização capitalista no país foi demarcado pelo conservadorismo. A desigualdade prevalecente no interior da nova sociedade urbana e industrial se reproduziu perante a já herdada do antigo agrarismo.

O charme do capitalismo industrial no Brasil foi a intensa mobilidade ascendente provocada no interior do movimento geral de estruturação do mercado de trabalho. A forte migração do campo para a cidade contribuiu para fortalecer a urbanização apoiada em novos sujeitos sociais.

Com isso, deu-se a constituição de significativa classe média, sobretudo assalariada e integrada às grandes empresas privadas e estatais, bem como à própria administração pública. Simultaneamente, houve a expansão do operariado urbano, base constitutiva do sistema corporativo de relações de trabalho.

Também se mostraram fundamentais o aparecimento e a estruturação dos partidos políticos, especialmente durante a vigência do regime democrático, entre 1945 e 1964 e após o ano de 1980. Dada a baixa presença da cultura democrática, a constituição de burocracia civil e militar transcorreu dentro dos princípios do autoritarismo, permeados pela lógica da tutela no interior da sociedade.

Dessa forma, a ocupação das instituições constitutivas do aparelho de Estado moderno foi efetivada por singulares burocracias civil e militar. Isso porque elas se especializaram na atuação voltada ao monitoramento e ao controle das regras e relações sociais e administrativas, muitas vezes implementadas de forma repressiva e autoritária.

Daí vem o exercício da função do agente de Estado desprovido, muitas vezes, do conceito de servidor do público, pois induzido pela lógica da tutela da sociedade, própria dos laços do patrimonialismo. Isso foi mais significativo durante a implementação do Estado industrial em face das resistências dos poderes privados locais e regionais próprias das oligarquias agrárias herdadas da República Velha.

A difusão de órgãos técnicos de regulação e controle permitiu também certa atuação enquanto corporação, especialmente nos regimes políticos autoritários. Por isso, muitas vezes, a elite administrativa permaneceu apartada do conjunto da sociedade, com regalias e privilégios que a diferenciavam dos outros segmentos sociais.

Dentro dessa perspectiva, a burocracia do poder executivo se sobrepôs às demais. Tendo em vista a importância do presidencialismo a comandar o Estado nacional, a gestão pública não conseguiu se libertar plenamente dos traços históricos do patrimonialismo, exemplificado na forma de liberar recursos orçamentários, definir cargos e promover indivíduos e instituições.

Por outro lado, a forma de cidadania que avançou foi aquela regulada e dependente da massificação do emprego assalariado formal. Mesmo na desigualdade que caracterizou a constituição da sociedade urbana e industrial, a perspectiva da mobilidade entre diferentes classes sociais explicitou o dinamismo das forças produtivas no capitalismo industrial no Brasil.

Ao mesmo tempo, o papel centralizador do Estado industrial estabeleceu internamente diversas medidas regulatórias pelas quais o imperialismo passou a intervir na economia nacional. Assim, o tripé constituído pelo capital estatal, pelo capital privado nacional e pelo capital estrangeiro moldou, entre as décadas de 1930 e 1980, uma das principais experiências nacionais de conformação periférica de sociedade urbana e industrial do capitalismo mundial no século XX.

Notas

[1] Carone, 1978; Bianchi, 2001; Leme, 1978.
[2] Ianni, 1992; Luz, 1975; Lima, 1976.
[3] F. Cardoso, 1964; Miceli, 1992; Dean, 1979.
[4] Holanda, 2004.
[5] G. Santos, 1979.
[6] Ver mais em: Fonseca, 2004.
[7] Fernandes, 1975; F. Oliveira, 1972; Mello & Novais, 2009.
[8] Kennan, 1969.
[9] Sobre as tratativas do governo Vargas para a construção da siderurgia no Brasil durante a neutralidade da polarização mundial tanto com os Estados Unidos quanto com o governo Alemão, ver: Rahmeier, 2009.
[10] Martins, 2010; Medeiros, 1989.
[11] Mello, 1987; Tavares, 1975; Draibe, 1985.
[12] Draibe, 1985; Codato, 2011; Lessa & Dain, 1998.
[13] Mello & Novais, 2009; F. Oliveira, 2003; Henrique, 1999.
[14] A. Cardoso, 2000; Calixtre, 2011; Barbosa, 2008.
[15] Furtado, 1962; Prado Jr., 1966.
[16] Ortiz, 1988; Vieira, 1983.

5
ERA DIGITAL

Neste início do século XXI, a era digital é o novo tempo pelo qual transcorre a mudança de época no Brasil. Após a longa noite que levou ao rebaixamento do horizonte de expectativas materializado pela ruína da sociedade industrial conduzida pela política do terrorismo neoliberal, o futuro parece se recolocar diante da quarta grande transformação estrutural do Brasil pós-colonial.

Ao não ser análogo ao passado, o futuro não se reproduz continuado no presente. A mudança de época corporificada pela era digital representa alternativa à realidade das expectativas declinantes, imposta por declínio econômico nacional instalado pelo ingresso mal conduzido na globalização desde 1990.

Em grande medida, a derrota política imposta ao movimento das Diretas Já, em 1984, circunscreveu a transição para a democracia aos limites do Colégio Eleitoral da ditadura civil-militar (1964-1985). Com isso, a agenda de reformas, conforme havia sido antecipada pelo documento "Esperança e Mudança" de 1982, foi abandonada.

Tanto assim que as eleições gerais de 1986 não foram realizadas para elaborar exclusivamente a nova Constituição. Embora cidadã, conforme definida por Ulisses Guimarães, presidente da Assembleia Nacional Constituinte, a Carta de 1988 dependeu, para sua implementação definitiva, de regulamentação posterior, associada às possibilidades futuras dos arranjos políticos de então.

Mais de três décadas depois, parcela significativa da Constituição de 1988 segue sem ser regulamentada. Entre os anos de 1988 e 2021, por exemplo, a Constituição Federal sofreu 111 emendas, que descaracterizaram o seu propósito inicial.

Ao mesmo tempo, a combinação imposta pela reestruturação no centro do capitalismo mundial, especialmente nos Estados Unidos ao longo da década de 1980, com o fim da Guerra Fria (1947-1991), terminou por esvaziar as possibilidades de continuidade do desenvolvimento na periferia capitalista ocidental, pelo menos conforme vinha sendo perseguida desde o segundo Pós--Guerra Mundial do século passado.

Se adicionarmos a tudo isso a péssima forma pela qual o Brasil aderiu à globalização neoliberal desde 1990, chegaremos às razões que levaram à ruína da sociedade industrial no país. Nesse cenário frustrante, o ciclo político da Nova República, iniciado em 1985, moveu-se na direção da financeirização do estoque da riqueza velha.

Paralelamente, houve o destravamento do retorno aos tradicionais interesses agraristas pela "vocação primário-exportadora", e, por fim, a gestão policial e social da crescente população sobrante decorrente da ruína da sociedade urbana e industrial através de transferências do fundo público constituído pela tributação proporcionalmente maior sobre a renda dos próprios pobres.

Sobre isso, aliás, são duas as principais visões que passaram a sustentar o declínio das expectativas futuras promissoras no Brasil.

De um lado, a perspectiva do esgotamento do projeto de modernidade ocidental.

Inaugurado há mais de meio milênio na Europa pelo Renascimento, pelo Iluminismo, pelas grandes navegações e pelo capitalismo, o progresso material assentado no uso ilimitado da natureza teria alcançado a exaustão ambiental e social. Nesse sentido, o novo tempo do mundo foi aberto a partir de 1453, com a queda de Constantinopla, que estrangulou o lucrativo comércio europeu realizado até então pelas antigas rotas da seda.

Com a brisa trazida pelo oceano Atlântico manifestada pela colonização europeia do "novo mundo" no continente definido por América, a proximidade catastrofista e de medo do futuro gerada pela visão teleológica da época foi afetada. Decorrido um período superior a cinco séculos, a visão catastrofista voltaria a se estabelecer diante dos limites impostos pela atualidade do capitalismo de dimensão global.

Para além da visão teleológica, a perspectiva científica embasa-se no monitoramento climático, a expressar, enquanto síntese, a materialização da devastação ambiental e de suas consequências nefastas para o planeta. O rebaixamento do horizonte de expectativas corresponde à queda das aspirações geradas pelo modelo mental do cancelamento do futuro.

Diante da perspectiva do fim do tempo da modernidade ocidental, a insistência na reprodução do velho, mesmo que reformulado por intervenções de governos progressistas, não conseguiria, contudo, resgatar a crença de um futuro.[1]

De outro lado, havia uma visão – tornada uma prática dominante em grande parte das experiências governamentais – da importância da inserção na globalização, o que começou a ocorrer no final do século XX, ou seja, mais precisamente a adoção do receituário neoliberal, que se especializou na sustentação hegemônica da governança global, sobretudo ocidental.

A despreocupação com o futuro ficou evidente diante da centralidade do presentismo associado à lógica do tempo das urgências a dominar a gestão do cotidiano dos negócios e da vida humana. Nesses termos, houve a interação entre o pós-moderno e a modernidade líquida gerada pelo esgotamento das expectativas próprias da antiga era industrial.

Isso porque o movimento de reorganização capitalista após a década de 1970 impôs também, como consequência, a reconfiguração das periferias, especialmente no Ocidente. Em vez da passagem da sociedade salarial para a da segurança do sistema de proteção e bem-estar social, concebida enquanto horizonte de expectativas da era industrial, ocorreu a expansão das inseguranças multidimensionais, como o desemprego, a precarização das ocupações, a perda de identidade e do pertencimento coletivo, a desigualdade.

A gestão do curtoprazismo neoliberal predominou. O planejamento governamental e a estratégia nacional foram abandonados, de maneira geral, pois tratados como práticas governamentais ultrapassadas a convergirem com a gestão das emergências e os ganhos especulativos do curtoprazismo.

A temática da mudança climática, por exemplo, parece se encaixar bem. Por aparecer ao final dos anos 1960, a questão ambiental foi tratada como limite ao futuro do expansionismo material do capitalismo.

Mas, sem alteração do sistema de produção e consumo que considera a natureza como recurso inesgotável, o passar dos anos tornou presente o problema estrutural da mudança climática, a ser gerido como urgência atual – uma expressão do conjunto das ações de governos e dos comportamentos sociais voltados à postergação das possíveis catástrofes. No Ocidente, por exemplo, a prática neoliberal não se limitou exclusivamente ao campo ideológico da direita.[2]

Diante disso, a era digital representa, para o Brasil, a fundamentação de sua quarta grande transformação estrutural. Comparável, em certa medida, aos anos 1930, o Brasil se encontra diante de oportunidades singulares que devem marcar seus próximos anos e décadas.

O contexto internacional registra, por exemplo, significativo questionamento ao exercício da unipolaridade dos Estados Unidos, assim como eram evidentes as debilidades da hegemonia inglesa no final da primeira onda de globalização. Os Estados Unidos apresentam sinais importantes do esgotamento de sua fase de expansão financeira, enquanto a China revela liderança crescente em várias áreas econômicas, sobretudo no processo de digitalização econômica, social e política.

O enfraquecimento relativo dos Estados Unidos aponta para o deslocamento do centro dinâmico mundial do Ocidente para o Oriente, assim como o próprio questionamento das bases de sustentação da segunda onda da globalização. A crise mundial de 2008 expôs as debilidades da fase de expansão financeira do ciclo sistêmico de acumulação liderado pelos Estados Unidos.

Por outro lado, contribuiu para esse enfraquecimento relativo a atuação do complexo militar dos Estados Unidos, que, desde o fim da Guerra Fria, procurou estender a sua presença para diferentes partes do mundo,[3] já que, apesar de ser o país militarmente mais poderoso, os Estados Unidos não conseguiram vencer as duas principais guerras transcorridas desde o início do século XXI (Iraque, 2003-2021, e Afeganistão, 2001-2021). As falhas militares se expressam, inclusive, na sustentação interna, cujas decisões de impor sanções econômicas aos países inimigos terminaram por comprometer a credibilidade do sistema de trocas comercial e financeiro.[4]

O bloqueio de reservas externas de países, a exclusão do sistema de pagamentos, a retirada de empresas, entre outras medidas, estimulam o surgimento de mecanismos paralelos, cada vez mais próximos de ser mobilizados justamente pela China. Ademais, percebe-se que a era digital parece emergir das ruínas do projeto de progresso ocidental, cuja catástrofe ambiental parece se alastrar por força do passado herdado da era industrial.

Diante das perspectivas abertas pelo horizonte inaugurado pela era digital, problemas cruciais do meio ambiente, gerados pela mineração e pelo uso de metais raros, poderiam, em parte, ser contidos. Por intermédio da economia do espaço sideral, aposta-se que o salto nos investimentos públicos e privados deva resultar em ganhos econômicos e ambientais extraordinários.

A negação do novo enquanto possibilidades de respostas efetivas aos problemas atuais se deve, em grande medida, às políticas governamentais do terror enfatizado pelo neoliberalismo. Por isso, as brisas marítimas que vêm do Pacífico indicam novas expectativas em relação ao soerguimento asiático.

O projeto de expansão da República Popular da China adotado desde o final do século XX permitiu que o país chegasse a responder atualmente por mais de 2/3 do comércio internacional, além de se destacar pela grandiosa rede de infraestrutura (ferrovias, portos, aeroportos, canais fluviais, rodovias) a se expandir graças ao plano Nova Rota da Seda.

Ao contar com a concordância do conjunto de 150 países, permite a constituição do maior cinturão econômico de integração do planeta. Tudo isso como alternativa ao modelo econômico que valoriza a especulação em detrimento da produção, apoia-se no rentismo em vez do trabalho, negando solidariedade e união para reforçar o individualismo e a segregação socioeconômica.

A percepção de que o Brasil se encontra diante de sua quarta grande transformação estrutural requer a reinvenção da atual capacidade de fazer política. Não se trata da continuidade de práticas que reafirmam o passado no presente, pois assim se desmotiva a consolidação do novo. Sinal disso é o empobrecimento do tempo presente, ocupado pelo vazio das ideias e pelo apequenamento das possibilidades da nova era digital. Nas páginas a seguir, apresentam-se os elementos que fundamentam a marcha atual da mudança de época no Brasil.

Cenário global no primeiro quarto do século XXI

A quarta grande transformação estrutural no Brasil pós-colonial se encontra em curso desde o final do século XX. Transcorre no período histórico intervalar que vai do esgotamento da fase de expansão financeira liderada pelos Estados Unidos à montagem de um novo ciclo sistêmico de acumulação conduzido por esse país, em disputa com a China.

Em realidade, assiste-se à transição da antiga era industrial, iniciada ainda na metade do século XVIII, para a nova e atual era digital. Sob a dominância do capitalismo informacional, movido por novas tecnologias de informação e comunicação, tanto o modo de produção dominante (capitalismo de mercado e de Estado e socialismo de mercado) como a fase do desenvolvimento (agrário, industrial e informacional) sofrem profundas modificações de curso.

Como produto da Segunda Guerra Mundial, por exemplo, os computadores com tecnologia de transistor, impressoras e fitas magnéticas foram introduzidos na década de 1950. Mas somente nos anos 1960 as informações começaram a se tornar legíveis por conta da inovação contínua dos computadores digitais.

Da mesma forma, a tensão gerada pela Guerra Fria (1947-1991), em torno da corrida espacial, ampliou a perspectiva de exploração do espaço sideral.

Em 1957, por exemplo, o lançamento do *Sputnik*, o primeiro satélite artificial da União Soviética, abriu caminho para os primeiros passos da governança do espaço, como a transmissão de dados, a informação e a comunicação dos novos tempos. Na sequência, os Estados Unidos, prevendo o risco de uma guerra nuclear, apresentaram a novidade da internet, utilizada desde 1969 para uso exclusivamente militar.

A partir da década de 1970, contudo, a internet passou a ter aplicabilidade no meio universitário até se estender ao livre uso comercial desde 1990. Com a chegada de ferramentas de busca na internet, computadores e processadores avançaram e se difundiram generalizadamente, mudando a relação da vida e do trabalho.

Em vez da produção industrial fragmentada por setores diversos, o computador e os processadores passaram a oferecer inteligência artificial em praticamente todas as unidade produtivas. Tanto assim que os produtos industriais atuais (automóvel, avião, geladeira e outros), por exemplo, têm sido produzidos com incorporação crescente de processadores e computadores acoplados aos serviços, numa espécie de industrialização do setor terciário da economia.

Nesse sentido, a era digital ganhou maior fôlego, assentada em macroestruturas que contemplam praticamente todas as esferas da sociedade, economia, política e cultura, em pleno início do século XXI. Na primeira fase da era digital, a internet absorveu, cada vez mais, informações de natureza pessoal e de praticamente todas as esferas econômicas, políticas, sociais e culturais.

Da agenda pessoal à lista telefônica, fotos e vídeos, decisões de gasto, roteiro de uso de mapas dos deslocamentos físicos, conversas, mensagens – tudo isso foi incorporado à internet. A partir de bancos de dados gigantescos e com enorme capacidade de processamento, quase tudo foi assumindo a forma de dados.

Assim, a datificação da economia moldou o formato do novo modelo de negócios, com lucros extraordinários, movido pela conversão de informações e comunicações em bancos de dados sistematizados, monitorados e geridos por algoritmos por gigantes empresas privadas a dominar o mundo. Os Estados nacionais, incapazes de conduzir os passos da revolução informacional, perdem soberania, submetidos ao poder do oligopólio das *big techs* ocidentais (sistema Gafam, que reúne Google, Amazon, Facebook, Apple e Microsoft).

Assim, a economia do espaço sideral, operacionalizada crescentemente por satélites, possibilitou que a internet se reproduzisse por computadores, telefones digitais, robótica e inteligência artificial. A emergência da datificação vem se consolidando como fonte racionalizadora do tempo.

Por meio da nova indústria de dados, o tempo se converte em *commodity*, isto é, em mercadoria. Com os aplicativos e as plataformas digitais, a execução das atividades tornou-se mais simples e ágil, acelerando o cotidiano dos negócios e intensificando o ritmo da vida e a exploração degradante do trabalho.

Da mesma forma, o algoritmo introduzido na imensidão de dados coletados e geridos pela dimensão crescente da capacidade de gestão das *big datas*, inicialmente nas funções repetitivas, permitiu economizar o tempo e elevar os ganhos de produtividade.

A era digital tem permitido ampliar a racionalização no uso do tempo, tornando o trabalho imaterial, por exemplo, fonte adicional de obtenção de lucros extraordinários. Por serem cada vez mais operadas por poucas – e cada vez maiores – corporações transnacionais, as *big techs* controlam negócios de aplicativos e serviços por internet.

Ao concentrar inédita escala de exploração de riqueza, o avanço desregulado da revolução informacional resulta em nova e crescente desigualdade. A sua generalização em plena era digital para o conjunto das sociedades e territórios conforma a plutocracia de oligarcas, jamais vista na história do capitalismo.

Ao lado do crescimento da riqueza cada vez mais para poucos, bolsões de pobreza, desemprego e desespero socioeconômico ampliam-se no interior das sociedades. As modificações sociais têm sido muito intensas e graves, alterando profundamente as relações familiares, pessoais, de gênero, de raça, entre outras dimensões da vida humana.

O salto na revolução tecnológica informacional, mais do que industrial, permite alterar profundamente os sistemas produtivos e o modo de vida em sociedade, a forma de fazer política e de ocupar o tempo. Assim como na era industrial, o modo de vida, as formas sociais, tecnológicas e produtivas eram moldadas pela centralidade manufatureira, na era digital a repercussão tem contaminado praticamente todas as esferas – econômica, social, política e cultural.

Com a intensificação dos fluxos de informações e comunicação, a questão da soberania se coloca para grande parte dos Estados nacionais diante do engrandecimento do poder privado a operar ganhos especulativos de grande porte. A ausência de regulação possibilita que novos modelos de negócio a partir da economia da datificação praticada pelas grandes corporações transnacionais obtenham incríveis margens de lucro.

A informação convertida em matéria-prima durante a primeira fase da era digital permitiu ao capitalismo informacional reestruturar as sociedades a partir da organização de redes de interação. No curso da segunda fase da era digital, a implantação do metaverso pode estabelecer a nova versão mais sofisticada da internet.

Com isso, o universo digital passa a capturar a simulação da presença física, com avatares que viabilizam atividades e interações humanas diversas. Além do enorme salto a ampliar a dimensão dos negócios, a lucratividade submete-se à lógica da *gamificação* do tempo da vida humana.

Em função disso, a Divisão Internacional do Trabalho novamente se reconfigura significativamente. De um lado, por meio da separação que resulta entre as nações que conseguem avançar na produção e na exportação de bens e serviços digitais e as demais, vinculadas, ainda, às eras agrária ou industrial. Por conta disso, assumem a posição de compradoras de bens e serviços digitais, submetidas ao novo circuito das trocas desiguais, a transferir riqueza gerada nos países pobres para os países ricos. Isso porque, na maior parte das vezes, os países que importam produtos e serviços digitais dependem das receitas advindas do modelo econômico primário-exportador.

Dessa forma, os importadores de produtos tecnologicamente avançados, de maior valor agregado e de empregos qualificados, buscam compensar esse desequilíbrio pela exportação de bens de baixo conteúdo tecnológico, de contido valor agregado e produzidos com base em ampla precarização ocupacional. Ou seja, observa-se a volta das relações de trocas internacionais extremamente desiguais.

De outro lado, o deslocamento do centro dinâmico do mundo do Ocidente para o Oriente parece sinalizar o declínio dos Estados Unidos relativamente ao engrandecimento chinês. A confirmação desse cenário estaria evidenciando a grande inflexão no curso do projeto de modernização ocidental estabelecido há mais de meio milênio, desde a queda de Constantinopla, em 1453, quando o comércio da atrasada Europa com a avançada Ásia foi interrompido pela rota do Mediterrâneo.

A iniciativa da Nova Rota da Seda chinesa, lançada em 2013, vem consolidando o protagonismo do Oriente. Sob o comando do socialismo de mercado, a China parece se colocar imbatível, inclusive, no interior da concorrência capitalista global.

Ao dominar vários mercados, a China se fortalece ainda mais diante da força que emerge da construção do grande cinturão geopolítico de integração econômica, comercial, financeira e infraestrutural, jamais visto até então. Essa iniciativa é diferente do projeto de socialismo de Estado praticado pela experiência soviética (1917-1991), organizado em paralelo ao desenvolvimento capitalista, quando coube à Guerra Fria conter o avanço comunista pelo mundo, que também parecia imbatível.

Em 1946, o ex-primeiro-ministro inglês Winston Churchill adotou o termo "Cortina de Ferro" para definir a divisão que separaria a Europa entre os territórios de domínio socialista e capitalista; simultaneamente, criava-se a denominação "Terceiro Mundo", que seria composto pela periferia entre os dois mundos.[5]

De forma inédita, os 30 anos gloriosos que se sucederam ao fim da Segunda Guerra Mundial enunciaram longa fase de estabilidade econômico-financeira. Ao mesmo tempo, o arranjo político se mostrou capaz de alcançar o pleno emprego e o bem-estar de grande parte da classe trabalhadora, especialmente nos países de capitalismo avançado.

Dadas a tensão quase permanente e a gravidade da Guerra Fria, a preocupação de atrair e galvanizar parcela dos países periféricos capitalistas permitiu registrar inusual desenvolvimentismo. Em pleno capitalismo monopolista, Brasil e Coreia do Sul, por exemplo, destacaram-se por ser as duas nações de passado colonial que conseguiram levar mais à frente a industrialização ao longo do século XX.

Com o fim da Guerra Fria, a hegemonia neoliberal se impôs generalizadamente pela globalização. A condução unipolar do mundo realizada pelos Estados Unidos levou ao desaparecimento da perspectiva de industrialização na periferia capitalista, especialmente na ocidental.

MAPA 2: EUROPA – LINHA QUE SEPAROU A EUROPA DURANTE A GUERRA FRIA (1947-1991)

Fonte: http://www.historiadigital.org/historia-geral/idade-contemporanea/guerra-fria/questao-enem-2009-cortina-de-ferro/.

A liberalização dos mercados e a sujeição dos Estados nacionais aos interesses privados das grandes corporações transnacionais terminaram por incorporar ao centro capitalista os traços crescentes do próprio subdesenvolvimento. Com a progressiva manifestação de situações de periferização no interior dos principais centros metropolitanos, o empobrecimento se ampliou simultaneamente ao empoderamento maior dos super-ricos.

Por conta disso, uma espécie de involução ocidental, apontada como processo de "brasilianização do mundo", expressou o movimento de reconfiguração geoeconômica mundial, especialmente com estruturação das cadeias globais de valor. Nesse sentido, países entre os mais desenvolvidos passaram a registrar características próprias de países subdesenvolvidos, como o Brasil, demarcado por profundas desigualdades resultantes da combinação do atraso patrimonialista e corrupto com traços de modernidade limitados pela oligarquização dos poderes.[6]

Na Ásia, ao contrário do Ocidente, estaria em proliferação a internalização dos investimentos privados externos sob o controle estatal. Serve de exemplificação a experiência do socialismo de mercado chinês, bem como os casos de capitalismo de Estado em países orientais.

O expansionismo asiático fundamenta o deslocamento do centro dinâmico do mundo do Ocidente para o Oriente, abrindo, com isso, a possibilidade de se constituir um novo ciclo sistêmico de acumulação liderado pela China.

Diante do esvaziamento ocidental, após diversas tentativas de oposição ao protagonismo asiático, o revigoramento da política externa tem levado a uma nova redivisão geopolítica do mundo. Há sinais de que uma segunda Guerra Fria poderia estar sendo gestada pelos Estados Unidos e conduzida pela Organização do Tratado do Atlântico Norte (Otan) enquanto renovação da estratégia ocidental para conter o avanço continuado da China.[7]

Nesse conturbado cenário internacional, o Brasil tem procurado, desde a virada para o século XXI, espaço maior para se recolocar na nova Divisão Internacional do Trabalho. Ora pela via estadunidense, ora pela iniciativa Sul--Sul, ora no supergrupo dos Brics, o Brasil tem procurado explorar novas fontes para a expansão econômica.

A polarização de alternativas revela a correlação de forças em torno da disputa pelo sentido da quarta grande transformação estrutural do Brasil pós-colonial. Pode-se encontrar precedente, por exemplo, na experiência das décadas de 1930 e de 1940, quando o Brasil soube aproveitar melhor a disputa acirrada estabelecida entre a Alemanha e os Estados Unidos pela dominância capitalista mundial.

Como naquela época, o mundo atual detém, novamente, alternativa ao modo de produção capitalista, bem como se encontra diante de novo regime climático que ameaça, cada vez mais, o modo de vida no planeta. No panorama internacional, a segunda onda da globalização efetivou uma ordem neoliberal que viabilizou o maior poder privado pelas grandes corporações transnacionais.

Sem regras de concorrência global, os Estados nacionais seguem restritos ao papel regulatório das forças internas. Nesses termos, o sistema interestatal proveniente do segundo Pós-Guerra Mundial do século passado demonstra profunda inadequação para o enfrentamento dos desafios atuais. Isso porque as grandes empresas operam no mercado mundial, enquanto o Estado atua no espaço nacional.

Diferentemente das revoluções industriais anteriores, a atual representa, até o momento, um enorme salto tecnológico de natureza informacional. Por conta disso, registra comportamento diferente, inclusive no que diz respeito ao mundo do labor e, sobretudo, à própria trajetória da Divisão Internacional do Trabalho.

De todo modo, o primeiro quarto do século XXI pode ser compreendido como um ponto de inflexão decorrente da nova era digital. A revolução informacional tem afetado significativamente as formas até então dominantes na sociedade, na cultura, na economia, na política e nas relações externas.

Mesmo sendo um fenômeno global, essa revolução se apresenta cada vez mais desigual, atuando como impulsionadora de novos sujeitos sociais. A experiência brasileira reflete, nesse sentido, o curso da quarta grande transformação estrutural.

Emergência dos novos sujeitos em face da ruína da sociedade industrial

A imagem-síntese do Brasil no início da terceira década do século XXI revela o resultado alcançado pelo conjunto de decisões governamentais assumido ao longo do ciclo político da Nova República. Iniciado há 40 anos, o desalinhamento do país em relação ao projeto histórico de modernidade decorre mais acentuadamente do cosmopolitismo neoliberal.

O apoio obtido por parcela significativa da elite brasileira expressa recorrentemente o sentimento político do realismo periférico; em outras palavras, a grande desistência histórica nacional que levou à ruína a incompleta sociedade industrial.[8]

Apoiados na pressão pela liberalização exercida pelos Estados Unidos, os interesses de bancos e grandes empresas privadas do país se aprofundaram ainda mais. Além disso, a mídia comercial reproduziu para amplos setores da sociedade, sobretudo para segmentos da política e de funcionários civis e militares dos diversos aparelhos do Estado, a lógica dos grandes interesses privados.

A adesão descuidada à globalização, tratada pela elite como "o novo renascimento" nos anos 1990, deslocou o Brasil do rumo da construção de uma sociedade industrial, iniciada ainda na década de 1930. A partir de então, assistiu-se à fragilização da capacidade de planejamento e orientação do desenvolvimento nacional.

A condução dos governos do ciclo político da Nova República esteve capturada, em maior ou menor medida, pela lógica dos mercados, especialmente especulativos. Sem estratégia nacional e planejamento governamental, o futuro pareceu cancelado, à espera de "milagre externo" a postergar a catástrofe anunciada pela gestão das emergências sociais, econômicas, políticas, climáticas, entre outras.

O movimento de esvaziamento do Estado, acompanhado pelo abandono do seu projeto desenvolvimentista, impactou decisivamente o setor produtivo, com consequências inegáveis sobre a estrutura da sociedade. A abertura comercial descuidada desarticulou o sistema produtivo, abatendo a composição ocupacional, comprimindo os melhores empregos e generalizando a terceirização, o que conformou inegáveis polarização e regressão social.

Para os que advogam o Consenso de Washington, a legislação social e trabalhista era ultrapassada, respondendo por elevado desemprego e atraso na competitividade. Pela retórica da "modernização neoliberal", os sindicatos foram forte e negativamente afetados com a queda tanto da sindicalização (de quase 1/3 dos ocupados, em 1989, para 11,2%, em 2019) como do número de greves (de 4 mil em 1980 para 649 em 2020).

Ao mesmo tempo, o ingresso do Brasil na era digital, fundamentalmente na condição de consumidor, fez o país depender rápida e crescentemente das exportações para atender ao pagamento das importações. O resultado disso tem sido a reprimarização da pauta de exportação, com o rebaixamento da posição do Brasil na Divisão Internacional do Trabalho.

Com o abandono das políticas de conteúdo nacional, o modelo de substituição de importações deu lugar à posição de produtor e exportador de *commodities*. Essa mudança coincidiu, assim, com o fim da Guerra Fria, levando ao desparecimento da industrialização na periferia ocidental, ao mesmo tempo que especialmente essa periferia era reconfigurada.

No primeiro quarto do século XXI, por exemplo, o Brasil reafirmou o modelo primário-exportador, convergente com o deslocamento do centro dinâmico do mundo do Ocidente para o Oriente. Assim, desde 2009 passou a ter como principal parceiro no comércio externo a China, que se apresenta superavitária na produção de bens e serviços industriais e digitais e deficitária nos produtos primários.

Diante da ascensão rentista e da decadência industrial brasileira, em meio à inserção nas cadeias globais de valores como ofertante de insumos minerais e agropecuários, a correlação interna das forças econômicas e sua expressão política foram profundamente alteradas. Tudo isso tem referência inegável nos anos 1990, cujo ingresso, conduzido pelo receituário neoliberal, na globalização impôs ao país uma profunda inflexão regressiva na trajetória econômica exitosa desde a Revolução de 1930.

O abandono da sociedade industrial em meio à transição atual para a era digital tem sido preenchido pela condição de país fundamentalmente importador de bens e serviços digitais. Com isso, as classes e frações das classes sociais se alteraram profundamente.

Em geral, as formas de organização e representação política tendem a expressar a realidade material sobre a qual a sociedade existente se encontra estruturada. Nos últimos 200 anos do Brasil pós-colonial, que marcam o seu ingresso na era industrial, destacam-se, por exemplo, dois tipos distintos de partidos.

De um lado, as agremiações políticas próprias da sociedade agrária, de quando o país (entenda-se a sua elite) era um mero consumidor de bens e serviços industriais importados (1820-1930). De outro, os partidos vigentes durante a internalização da produção manufatureira da segunda Revolução Tecnológica, o que permitiu a construção da sociedade urbana e industrial entre as décadas de 1930 e 1980.

Até o final dos anos 1920, a sociedade agrária predominante no Brasil era dirigida por uma espécie de casta composta por senhorios proprietários de imóveis. Antes disso, eram também os detentores da posse de escravos que predominavam no interior da hegemonia agrário-exportadora.

Os principais partidos políticos existentes até então, seja no Império (partidos Liberal, Conservador, Republicano e Católico), seja na primeira República (partidos Republicano Federal e estaduais), operavam através da chamada "democracia censitária", que excluía o equivalente a 95% da população. O arranjo institucional ancorado no tripé de poder constituído por mandonismo, clientelismo e coronelismo sustentava o sistema de representação daquela época.[9]

O mandonismo predominou na prática da ocupação dos cargos públicos, sem que prevalecessem, necessariamente, a competência técnica e a eficiência profissional. O clientelismo, por sua vez, definia as bases da arrecadação fiscal e controlava o gasto público, protegendo, assim, os ricos da tributação. Ao mesmo tempo, operava a prática da troca eleitoral entre o atendimento a específicas clientelas e o comprometimento do voto direto, reproduzindo, assim, o patrimonialismo através dos tempos. Em favor dos chefes dos poderes locais, estruturadores das oligarquias regionais, o coronelismo exercia, em grande medida, as funções de interesse privado enrustidas no interior do poder público.

Dessa forma, a estabilidade do sistema político residia nas estreitas relações entre os poderes local e nacional. O exercício da dominação pelos proprietários rurais era garantido pelo Estado mínimo liberal, que interpenetrava na sociedade, englobando classes e frações de classes sociais pela diversidade do patrimonialismo, do clientelismo, do coronelismo e do mandonismo.[10]

Nesse contexto nacional, o acesso aos bens e serviços industriais dependia da importação. O seu financiamento era viabilizado parcialmente pelo modelo econômico primário-exportador, que excluía a maior parte da população. A massa de trabalhadores inorgânicos do capitalismo nascente permanecia à margem de quase tudo (voto, organização, terra, educação, saúde, rendimento etc.).

Enquanto a questão social era negada pela ordem liberal, os conflitos inerentes à expansão capitalista promotora de novos sujeitos sociais seguiam sendo tratados como caso de polícia. A partir da Revolução de 1930, com a grande transformação estrutural, abriu-se o ciclo da industrialização nacional, constituindo a sociedade urbana.

Concomitante com o processo de urbanização, a proletarização da antiga massa inorgânica pertencente ao longevo e primitivo agrarismo foi acompanhada, em grande parte, pelo acesso à carteira de trabalho enquanto passaporte à cidadania regulada.[11] Durante a fase inicial da industrialização no Brasil, os partidos comunistas (PCB e PCdoB) e trabalhista (PTB) brasileiros tiveram grande expressão na mobilização e na representação dos novos sujeitos sociais que emergiram da sociedade do trabalho, em construção.[12]

Com a interrupção do regime democrático imposta pela ditadura civil-militar (1964-1985), a pluralidade partidária existente entre 1945 e 1965 deixou de existir, tornando praticamente impossível a existência de partidos políticos com representação no mundo do trabalho. O sistema bipartidário (Arena e MDB) vigente durante o autoritarismo enquadrou o exercício da política entre situação e oposição, impedindo que existissem legendas voltadas para a representação política específica dos diversos setores da sociedade, como a própria classe trabalhadora.

Por conta disso, e já na fase de maturidade da industrialização brasileira, a vitória do movimento de redemocratização do país permitiu consagrar a importância de haver novos partidos de vinculação operária. Ao conseguir interpenetrar nos interesses diretos dos novos sujeitos sociais, ainda que na fase terminal da sociedade urbana e industrial, a trajetória petista, por exemplo, apresentou-se extremamente exitosa.

Isso porque conseguiu congregar parcela significativa do operariado manufatureiro, liderando importantes conquistas institucionais e sociais, justamente quando a realidade da classe trabalhadora e de seus partidos nos países de capitalismo avançado já se encontrava em decadência, desde a virada para a década de 1980.

Pela forma com que o país adentrou na globalização a partir dos anos 1990, fortemente apoiado no receituário neoliberal, a economia passou a sofrer importante impacto, que repercutiu direta e indiretamente na sociedade brasileira. Diante da desindustrialização acompanhada pela desarticulação do sistema produtivo nacional, o movimento geral de estruturação do mercado de trabalho foi interrompido, constrangendo tanto os postos intermediários de classe média como o próprio processo de proletarização urbano.

Nesse sentido, a estruturação partidária com forte ênfase na classe trabalhadora moldada no interior da sociedade urbana e industrial passou a perder lastro transformador da realidade para tratar, então, de postergar o caos imposto pela ascensão de nova maioria política antidesenvolvimentista.

Assim, a antiga condição de país com sistema econômico complexo, integrado e articulado cedeu lugar à especialização produtiva e à reprimarização da pauta de exportação.

Com a reconfiguração do modelo primário-exportador, o avanço do capitalismo informacional no país transcorre com o Brasil assentado na situação de país consumidor-importador de bens e serviços digitais. Enquanto a classe trabalhadora da sociedade industrial fica para trás, ascende nova estrutura social órfã de representação social e política adequada.

O aparecimento do inédito desemprego aberto transcorreu simultaneamente à perda de funcionalidade econômica das ocupações informais, assalariadas e por conta própria. A flexibilização da legislação social e trabalhista adotada desde os anos 1990 (contratos temporários, terceirizados, cooperativados, pejotização e microempreendedores individuais) contribuiu para que parcela das ocupações ocorresse em atividades vinculadas à prestação de serviços aos segmentos cada vez mais ricos da sociedade (segurança, limpeza e asseio, cuidadores de animais, entregadores variados, *personal stylist* e *trainer*, entre outros).

Por outro lado, a forma de inserção na era digital enquanto consumidor fez com que o Brasil passasse a repetir o mesmo padrão de ingresso que apresentara na era industrial, ao longo do século XIX. Na condição atual de quarto maior mercado consumidor do mundo de bens e serviços digitais, o Brasil depende fundamental e crescentemente das importações, financiadas pela exportação de *commodities*.

Concomitante com o enfraquecimento dos antigos sujeitos da sociedade industrial emerge uma nova classe trabalhadora cada vez mais desagregada da tradicional relação salarial e, por consequência, dos direitos sociais e trabalhistas. Em seu lugar, tem ganhado relevância a relação débito-crédito a responder por parcela importante dos postos de trabalho assentados na era digital.[13]

Em síntese, o financiamento do custo de vida individual ou familiar representado pelo débito financeiro, mesmo que ainda vinculado à relação do emprego assalariado, depende do rendimento (crédito) obtido pela contrapartida de trabalhos gerais intermediados por plataformas digitais, seja em serviços profissionais (de psicologia, *coaching*, telemedicina, cursos remotos, entre outros), especializados (de vendedor, entregador, *youtuber*, *influencer*, entre outros) e simplificados (de microtarefas em geral).

De forma dispersa geograficamente, o trabalho tem sido externalizado através da oferta à contratação de verdadeira multidão de mão de obra (*crowdwork*), cujo labor pode ser realizado em qualquer lugar, não mais em local determinado, inclusive crescentemente em casa (teletrabalho). Sem regulação, a intensificação do trabalho tem sido ampliada, pois lastreada por aplicativos decorrentes da revolução informacional.

Assim, o labor tem se assemelhado, muitas vezes, àquele existente no passado longínquo, quando era remunerado por peça, não por tempo trabalhado. Atualmente, com a presença de ferramenta intermediária de natureza digital, o trabalho vem sendo remunerado por parte realizada ou por meta alcançada.

Nessas circunstâncias, as instituições de representação de interesses de classe e frações de classes sociais pouco se alteraram. As associações, os sindicatos e os partidos seguem operando de forma rígida, acompanhados pela perda de filiados, do descrédito social e da menor capacidade de ação política diante do esvaziamento da soberania tecnológica nacional.

Para além disso, com a aceleração do Antropoceno, a relação da vida humana apartada da natureza passou a ganhar expressão política, e essa percepção se generaliza diante da mudança no regime climático no mundo.

A pandemia da Covid-19 parece inaugurar nova fase da convivência com crises virais, colocando em questão a possibilidade do desenvolvimento sustentável. Ao longo do tempo, o paradigma mecânico-químico dominante tem se reproduzido pautado pelo uso ilimitado da natureza.

O despertar para a necessidade de políticas voltadas ao desenvolvimento compatível dos biomas oferece outras oportunidades de repensar as fontes de geração de riqueza. Em paralelo, contudo, o sistema político brasileiro demonstra a força da supremacia rentista e do neoextrativismo consubstanciados pelo domínio político das bancadas parlamentares.

Com o esvaziamento da sociedade industrial, voltou a ter importância a tradicional divisão geográfica nacional. De um lado, a produção extensiva primária para a exportação, dominada pelos interesses dos mercados externos; de outro, a produção interna voltada a um mercado interno asfixiado pela baixa renda, pelo desemprego, pela pobreza e por outros males da desigualdade. Além disso, com a desarticulação do sistema produtivo, a expansão econômica nacional passa a depender da importação de produtos tecnologicamente avançados e com maior valor agregado.

As consequências disso para o mundo laboral têm sido intensas e aceleradas. A geração de extensa população sobrante encontra oportunidade para que o novo sistema jagunço vá se estruturando, inicialmente, nas periferias dos grandes centro urbanos e, mais recentemente, em quase todo o país. Ao mesmo tempo, essa sinalização estaria se tornando presente, inclusive, nos aparelhos de Estado, bem como nas diversas formas de representação política, econômica, cultural e social.

Na República Velha (1889-1930), quando o capitalismo era nascente, a população sobrante do sistema econômico fundamentou a ação do fanatismo religioso e do banditismo social. Atualmente, com a regressão econômica que subutiliza o trabalho, a relação débito-crédito tem sido acompanhada pelo novo sistema jagunço, também mobilizado pelo moderno fanatismo religioso e pelo sofisticado banditismo social.

Inédita frente de fontes da riqueza sustentável

O Brasil segue carente de conhecimento acerca do enorme potencial que os biomas possuem e que poderia ser canalizado para um inédito desenvolvimento nacional e mundial. A mudança cultural implícita na apartação da natureza da vida humana passa pela formação de nova maioria política, com consciência individual e coletiva de que a transição social e ecológica é realmente possível.

De maneira geral, cada país busca definir o padrão de diversidade assentado na identificação de ecossistemas próprios. Para tanto, a unilateralidade das áreas geográficas portadoras da biodiversidade específica influencia as características físicas e biológicas naturais de cada região, como a especificidade do clima, a umidade, a temperatura, o regime de chuvas, o relevo e a sua localização.[14]

Na atualidade, o mundo contempla 18 biomas terrestres: polar (Norte e Sul); tundra; tundra de montanhas; estepe; estepe de arbustos semiárido; deserto e clima árido; semidesértico; pampa; savana; savana de campo; caatinga; floresta boreal (taiga); floresta temperada; floresta subtropical; mediterrâneo e arbustos; monção; tropical; montana. Os biomas marítimos, que cobrem 70% da superfície do planeta, se dividem em cinco grandes: oceanos, mares e costas temperadas; oceanos polares; coral tropical; afloramento temperado; e afloramento tropical.

Por sua dimensão geográfica nacional, o Brasil detém seis biomas continentais mais um marítimo, com características geológicas e climáticas próprias a constituir o conjunto dos ecossistemas ambientais, com enorme diversidade de flora e fauna.[15] Aos seis biomas continentais e ao bioma aquático, pode-se acrescentar ainda o potencial de desenvolvimento próprio do espaço aéreo.

Apesar da grandiosidade e da importância de sua biodiversidade, o país jamais ousou conciliar sua política voltada à internalização do projeto de modernidade ocidental, fundamentada no progresso material, com a centralidade ambiental. A experiência nacional tem-se limitado a contemplar medidas pontuais, setorializadas e localizadas no tempo.[16]

Em virtude disso, a temática dos biomas deve ser colocada no centro da retomada do desenvolvimento nacional, uma alternativa necessária diante do múltiplo colapso imposto pelo novo regime climático global.

O obscurantismo que contamina as políticas de desenvolvimento revela a incapacidade de melhor aproveitar o potencial existente na biodiversidade de cada bioma no Brasil. A ausência de estudos e planejamentos necessários sobre a temática revela a inconsciência individual e coletiva a respeito da urgente e fundamental transição social e ecológica com base nos biomas nacionais.

A cultura de apartação do ser humano da natureza predomina na trajetória histórica do processo assimétrico de desenvolvimento brasileiro. A sua ruptura possibilita enfrentar as desigualdades sociais e econômicas da população sem agravar mais ainda o que resta da biodiversidade ambiental.

O reconhecimento e a valorização dos biomas abrem outro horizonte para a sustentabilidade social e ecológica do desenvolvimento. Para isso, é necessária a implementação democrática de um planejamento nacional, regional e local adequado às diferentes realidades locais.[17]

Nesse sentido, é imprescindível haver uma mudança na cultura política que permita valorizar a própria dinâmica implícita na diversidade ambiental nas regiões e microrregiões. A referência às circunstâncias que contextualizam a natureza em sua diversidade geográfica se impõe enquanto condição e dispositivo de análise aos tomadores de decisão para a construção de alternativas ao desenvolvimento.

Do contrário, a rota historicamente perseguida pelo Brasil tende a continuar dependendo do uso destrutivo dos biomas nacionais. Nos dias de hoje, por exemplo, cerca de metade do PIB provém da exploração da biodiversidade ambiental, sem considerar o valor econômico dos serviços ambientais.

Ao mesmo tempo, a perda imposta à biodiversidade tem sido alarmante, com a degradação biótica acompanhando a estrutura distributiva da renda, da riqueza e do poder profundamente desigual. As consequências da continuidade do comprometimento da biodiversidade biológica são graves para a sociedade e a economia, conforme vem sendo revelado.[18]

A tradição da cultura do monocultivo tem sido sempre arriscada para o conjunto da população. O sentido inverso precisa ser perseguido. A análise mais aprofundada sobre o momento atual indica o quanto o desenvolvimento a partir dos biomas existentes pode ser fundamental ao país, para não dizer ao mundo.

Outra perspectiva para os investimentos futuros associados à retomada do planejamento e do desenvolvimento estratégicos da nação deve contemplar mudanças substanciais em fatores legais, administrativos e políticos. Para isso, é necessária uma construção metodológica que permita avaliar previamente o impacto socioeconômico e ambiental, considerando a natureza como ativo a ser incorporado nas contas nacionais.

A integração necessária pressupõe levar em conta o meio ambiente nas políticas públicas e nas indispensáveis alterações da economia e da sociedade. No balanço da década passada, por exemplo, todos os biomas brasileiros continentais e o marítimo sofreram perdas praticamente irreparáveis.

O esvaziamento dos ecossistemas nos ambientes terrestre e marítimo brasileiros tem sido intenso, o que aponta para a aceleração do indicador de intensidade da mudança climática no país. Além disso, as assimetrias em relação à degradação dos diversos biomas prevalecem sendo impulsionadas pela imutabilidade do modelo de desenvolvimento econômico e social.[19]

Assim, as próprias políticas orientadas para a promoção do desenvolvimento da nação e das regiões terminaram aprofundando o desequilíbrio ambiental. Com a busca do desenvolvimento que não reconhece as especificidades de cada um e do conjunto dos biomas brasileiros, o resultado tem sido, em geral, o continuado comprometimento ambiental e a destruição das formas de reprodução das populações originárias.

Não causa espanto saber que a biodiversidade brasileira se encontra distribuída geograficamente de forma diferenciada. Isso é resultado dos diferentes elementos físicos e biológicos que são determinantes na adaptação das espécies a cada ecossistema em específico.

As dimensões continentais do Brasil estabelecem a existência da riqueza de diversos biomas. O planejamento de um desenvolvimento que não seja agressivo às condições ambientais existentes, conforme as comunidades nativas aprenderam a realizar em harmonia com a natureza, deve tornar-se referência.

A proposição do desenvolvimento a partir dos biomas consiste em aclimatar o desenvolvimento ao ambiente, e não o contrário, como tem acontecido historicamente. Trata-se, assim, da perspectiva segundo a qual o progresso pode ser alcançado de maneira harmônica e sustentável ao longo do tempo.

Somente com a preservação da biodiversidade da fauna e da flora as forças produtivas deveriam ser movidas em direção ao desenvolvimento sustentável da nação. Diante da mudança de regime climático, urge a formação de outra maioria política apoiada em nova conscientização das ações individuais e, sobretudo, coletivas acerca das possibilidades da transição social e ecológica com base nos biomas nacionais.

O redesenho do desenvolvimento brasileiro requer o deslocamento da própria dinâmica atual de dependência direta da exploração destrutiva da natureza pelas forças produtivas. Para isso, é fundamental uma drástica alteração da matriz energética, ainda dependente da produção não renovável de recursos, bem como a redefinição das fontes de sustentação da mobilidade material e urbana, fortemente dependente dos combustíveis fósseis. Tal alteração teria implicações tanto para o padrão de produção e de distribuição quanto para o padrão de consumo, inconsciente e fortemente ancorados na destruição ambiental.

A reformulação do Estado brasileiro deveria contemplar a adequação da legislação e do poder judiciário em torno da atuação rígida nos acidentes e crimes ambientais sem capacidade de correção, da mesma forma que seria fundamental uma reformulação profunda do sistema tributário que financia o gasto do Estado assentado na economia de alto carbono.

Ao tributar mais e melhor os setores poluentes, favorecendo os não poluentes, como a economia verde, circular e familiar, abre-se espaço fiscal para a construção do orçamento verde em consonância com a transição social e ecológica fundada nos biomas nacionais. Dessa forma, viabiliza-se o rompimento com a tradição da cultura dominante de perseguir o desenvolvimento sob a perspectiva continuada do uso ilimitado e destrutivo de uma natureza cada vez mais apartada da sociedade.

Considerações finais

O estabelecimento da ordem unipolar pelos Estados Unidos a partir do fim da Guerra Fria (1947-1991) consolidou a globalização neoliberal. Com isso, o horizonte possível do desenvolvimento almejado passou a ficar na contramão dos interesses dominantes das nações periféricas do sistema capitalista, sobretudo daquelas situadas no Ocidente, como o Brasil.

Diante das iniciativas dos Estados Unidos de postergar o enfraquecimento de sua hegemonia no interior do sistema, o processo de industrialização brasileira ficou truncado; inicialmente, devido ao fim da conversibilidade do dólar ao ouro, em 1973, seguido do aumento da taxa de juros a partir de 1979, o que levou à crise da dívida externa e à desordem das finanças públicas, combinadas com alta inflação e paralisia econômica.

Com a adoção do receituário neoliberal a partir de 1990, o Brasil aderiu passiva e subordinadamente à globalização, assumindo a condição de plataforma de valorização do estoque de riqueza velha. Para tanto, passou a comprometer as fontes do dinamismo econômico, com a desindustrialização e a desarticulação do sistema produtivo, que o levaram à especialização gerada pela volta do modelo primário-exportador.

Fruto disso tem sido o salto da proporção das exportações em relação ao PIB, que passou de 6,3%, em 1990, para 20,1%, em 2021. Quando se considera a evolução das importações, que representaram 19,2% do PIB para o mesmo ano de 2021, percebe-se que somente a indústria de transformação foi responsável por 91,5% do total das compras externas realizadas pelo Brasil.

Com a produção de bens manufaturados regredindo na pauta de exportação, aumentou a dependência do país de vendas externas provenientes da agropecuária, da mineração e de alguns poucos semimanufaturados, em geral, intensivos em mão de obra e baixo conteúdo tecnológico.

Simultaneamente ao abandono do modelo de substituição de importações vigente por mais de 60 anos, reapareceram os enclaves dispersos no território nacional, submetendo a dinâmica econômica nacional a duas velocidades distintas. Nas regiões e nos setores produtivos voltados ao mercado interno, o sentido econômico foi o da estagnação, ao passo que, nos segmentos situados em estados conectados ao modelo primário-exportador, prevaleceu a elevada expansão econômica, porém sem quase conexão com a nação.

Dessa forma, o Brasil tem-se reposicionado no interior da nova Divisão Internacional do Trabalho na era digital. Ao assumir crescentemente a condição de consumidor/importador de bens e serviços digitais, refluiu sua capacidade de expandir a produção e de manter em alta o nível de emprego de qualidade, possibilitando a geração de enorme contingente de população sobrante, dependente dos programas de transferência de renda pública para sobreviver.

Com isso, uma espécie de armadilha se constituiu. Para se conectar à modernidade e aos avanços tecnológicos, o país precisa importar, utilizando como pagamento a receita de exportações geradas pelo modelo primário--exportador que não paga tributos (Lei Kandir desde 1996), praticamente não emprega elevada mão de obra e depende da importação de tecnologia e insumos.

A ruína da sociedade industrial que se encontrava ainda em construção abalou o horizonte de expectativas nacionais. Com isso, gerou o sentimento interno amedrontador do que está por vir, numa espécie de cancelamento do futuro. É nesse contexto geral que se fundamenta a quarta grande transformação estrutural do Brasil pós-colonial.

A atual ruptura de época altera a percepção da espera, produzindo impaciência diante da opção das classes dirigentes pelo presentismo e das opções pela lógica da política enquanto gestão das emergências. O ímpeto transformista parece emergir da impaciência desejante, embora falte ao sujeito social próprio da era digital uma base consistente para a sua movimentação que supere o indicativo de que o futuro seria apenas o passado reatualizado.

O respiro libertador diante da alienação das massas decorre da busca pela descolonização cultural das mentes e ideologias que blindam a realidade como forma de alívio, ainda que provisório. Ao se desgarrar do neoliberalismo, o país pode colocar em movimento uma estratégia nacional que rompa com os impasses e emergências do curtoprazismo.

O debate econômico da atualidade segue empobrecido, revelando o quanto a guerra de oposições ideológicas se mostra infrutífera ao sentido de futuro que se encontra em disputa no mundo. De um lado, a preguiça daqueles que defendem a destruição do paradigma pretérito do desenvolvimentismo, acreditando que o espontaneísmo das forças de mercado seria, por si próprio, suficiente para protagonizar o novo. De outro, a perspectiva do retorno ao normal anterior, muito melhor, certamente, que a atualidade vivida pelo conjunto da população. Todavia, essa perspectiva corre o sério risco da decrepitude sem compreender que o passado não mais se conecta às necessidades do presente do futuro, especialmente em relação às fontes novas de expansão econômica no mundo.

Isso porque o panorama prospectivo sobre as possibilidades brasileiras indica certo desconhecimento a respeito das possibilidades de exploração, por exemplo, da economia do mar e do espaço sideral. Enquanto o tema do mar permanece distante, perceptível apenas em sua superfície a partir da longa costa brasileira, o que está no seu fundo segue pouco conhecido, com menos de 5% até agora monitorados.

Situação similar ocorre em relação à economia do espaço, que se estrutura em dois segmentos distintos: o espaço-terra e o espaço-espaço sideral. No segmento espaço-terra, que compreende a dimensão de até 100 km da superfície do mar, operam meios de transportes tradicionais de cargas e humanos, como os aviões, os helicópteros e, cada vez mais, os satélites, que respondem por cerca de 2/3 do faturamento obtido por atividades econômicas realizadas no espaço a serviço da terra. As *big techs*, como corporações transnacionais a operar o processo de datificação, tornaram-se o negócio mais valorizado dos mercados, o que se evidencia por sua grandiosidade na Bolsa de Valores.

Para além da linha de Kármán, acima dos 100 km da superfície da Terra, expande-se o segmento espaço-espaço sideral, movido tanto pela via das empresas privadas, em parceria com as agências governamentais nos Estados Unidos, como pela via da ação do Estado chinês, em parceria com empresas privadas. As duas principais fontes de riqueza provêm da exploração de recursos naturais, através da mineração de produtos raros (platina, ouro e outros) em meteoros e usinagem do hélio-3 na Lua.

O acesso aos recursos naturais no espaço visa obter combustível para as naves, água para os futuros colonizadores e componentes de infraestrutura para a exploração do espaço sideral. As estimativas de ganhos extraordinários têm sido motivo de fortes investimentos privados e públicos em poucas nações no mundo.

Além disso, destacam-se os serviços de lançamento de foguetes, armazenamento de combustível, base espacial e pesquisa e desenvolvimento científico de grande monta. Não parece haver limites acerca das possibilidades de exploração das fontes novas de riqueza a orientar os segmentos da economia do espaço sideral.

Mas, para isso, outra maioria política se faz necessária, uma vez que, após três décadas de existência, o ciclo político da Nova República aguarda outro rearranjo institucional adequado às exigências da quarta grande transformação estrutural do Brasil pós-colonial. A realidade de fragilização dos compromissos institucionais estabelecidos pela Constituição de 1988 tornou o antigo Estado industrial dilapidado, sem capacidade de colocar em marcha o protagonismo da era digital.

O desmonte da burocracia republicana se expressa pelo desmoronamento do regime jurídico de servidores públicos civis, autarquias e fundações públicas. Também pela ausência de unidade e transparência do orçamento público e da representação democrática em partidos políticos nacionais.

A força da terceirização, da desestatização e da gestão privatizada no interior da administração pública direta e indireta dilapidou o antigo Estado industrial. O orçamento público, por exemplo, encontra-se distante de contemplar a unidade dos recursos à seguridade social.

Da mesma forma, o presidencialismo de coalizão impôs a asfixia ao poder executivo, fazendo com que o parlamento, em vez de se configurar como representante político da nação, assuma a condição de tomador e gestor de parcela crescente dos recursos públicos.

As emendas impositivas de vários tipos, até mesmo o recurso do orçamento secreto, têm sido prática crescente a destoar da perspectiva constitucional de unidade e transparência orçamentária. Simultaneamente, o desmonte do sistema partidário de representação política foi seguido pelo desaparecimento de lideranças nacionais, favorecendo a continuidade e a formação de novas oligarquias regionais.

O aparecimento do chamado Centrão, ainda no governo Sarney (1986--1990), e das bancadas suprapartidárias (ruralistas, do boi, da bala, da bíblia e outras) originadas no processo constituinte do final dos anos 1980 concedeu artificialidade e descrédito crescentes para grande parte dos partidos políticos no Brasil. Diante disso, constata-se a necessidade da instalação do novo Estado digital, compatível com a transição do Brasil para produtor e exportador de bens e serviços digitais.

Do contrário, o que pode acontecer é a reconfiguração do passado das experiências adotadas durante o Império (1822-1889) e a República Velha (1889-1930). Do período monárquico parece provir, por exemplo, o experimento do poder moderador, cada vez mais exercido atualmente pelo Supremo Tribunal Federal (STF) nas suas ações em busca do equilíbrio institucional nas disputas entre os três poderes republicanos: o executivo, o legislativo e o próprio judiciário.

Da República Velha, por outro lado, provém o esforço em curso de recuperação do arranjo institucional que sustentou o sistema político daquela época. Ou seja, o tripé do poder público assentado nas práticas políticas de mandonismo, clientelismo e coronelismo.

Mais recentemente, por exemplo, o mandonismo tem sido acentuado na forma de ocupação dos cargos públicos. Ao se desinteressar dos critérios mínimos republicanos da competência técnica e da eficiência profissional, prevalecem as indicações políticas fundamentadas no compromisso com quem manda, em cargos públicos civis ou não.

Assim, a desorganização provocada no interior da administração pública tem-na esvaziado de profissionalismo e eficiência. Alguns escândalos tornados públicos parecem revelar apenas a ponta do *iceberg* de negociatas e ilegalidades permitidas pela marcha do mandonismo no interior da administração pública direta e indireta.

Da mesma forma, o clientelismo tem avançado simultaneamente ao desmonte das políticas públicas de Estado. Nas esferas da educação, das ciências e tecnologias, da agropecuária, da economia, da assistência social, entre outras, os governos atuam cada vez mais atendendo às clientelas, não mais ao cidadão em geral.

Assim, programas com recursos públicos são instituídos buscando atender ao roteiro tradicional da eleição prévia de clientelas, de modo a garantir, em contrapartida, a continuidade governamental através do compromisso do voto nas eleições. Diante do atual sistema político, o voto em geral não se fundamenta em partido, programa de governo e ideário político, mas em candidatura individual.

Prevalecem, assim, o mercado da troca e o predomínio do poder econômico na formação de maiorias parlamentares. Convergindo com essa trajetória, prevalece também a presença do coronelismo renovado a se fortalecer pela via da apropriação e do comando do orçamento público em favor dos chefes de oligarquias regionais.

Com isso, ocorre a canalização direta de parcela do gasto público para poderes locais, clãs e provincianismo eleitoral, com o que se reproduzem as tradicionais oligarquias regionais, familiares ou não. Essa tortuosa e intensa trajetória política percorrida até agora tem sido confusa, sobretudo se considerarmos a aparente inversão das tradicionais posições ideológicas no tabuleiro da política nacional.

Em geral, percebe-se que a direita do espectro político, usualmente conservadora e reacionária, procura capturar a posição antissistema, especialmente no período mais recente, como nas massivas manifestações de 2013. Sobre o espectro político à esquerda, pode-se dizer que a ausência de renovação o tem tornado estranhamente defensor do sistema da ordem em curso.

A posição antissistema evidenciada pelas forças de direita política obteve vitórias sucessivas tanto nas eleições municipais (2016 e 2020) quanto na presidencial de 2018. A construção do novo modelo político nacional pelos vitoriosos das três últimas eleições tem passado pela acentuada destruição da ordem passada, demarcada pelo retrocesso em diversas dimensões.

As reformas trabalhista e previdenciária, entre outras, exemplificam o grau destrutivo dos direitos sociais e trabalhistas no Brasil no início da terceira década do século XXI. Sem que soubesse colocar algo melhor no lugar, o neoliberalismo ganhou vida própria e avançou rapidamente no desmonte da institucionalidade política existente.

Por outro lado, a esquerda, intérprete antecipada do caos que estaria em curso com a ascensão da direita, assumiu a posição pró-sistema existente. Apegou-se à defesa do passado sem conseguir oferecer algo novo, capaz de permitir o diálogo com a perspectiva antissistema que não seja a explicitação dos erros dos governos da direita.

Com isso, parece desconhecer que a sociedade mudou e que o modelo político da Nova República está superado. A insistência na reconfiguração dos fragmentos pró-sistema não deveria se deslocar da disputa acirrada em torno da construção do novo ciclo político, na temporalidade e nas circunstâncias históricas que apontam para o horizonte de expectativas superiores.

Esse parece ser o desafio intrínseco às disputas sobre o sentido de futuro que a quarta grande transformação estrutural possibilita ao Brasil pós-colonial.

Notas

[1] Žižek, 2012; Lasch, 1983; Antunes, 2014.
[2] Streeck, 2013; Fraser, 2019; Bauman, 2001.
[3] A Organização do Tratado do Atlântico Norte (Otan), criada em 1949 para deter o avanço soviético após o fim da Segunda Guerra Mundial, foi mantida por 30 países, mesmo após o fim da Guerra Fria. Atualmente, a somatória de seus habitantes equivale a somente 9% da população global, comprometendo a metade dos gastos militares do mundo.
[4] Martyanov, 2021; MacDonald & Parent, 2018.
[5] Kennan, 1969; Hogan, 1995; LaFeber, 1997.
[6] Arantes, 2004; Guimarães, 2007; Hochuli, 2021.
[7] Bandeira, 2013; Halliday, 1987; Donaghy, 2021.
[8] Pochmann, 2022a e 2022b.
[9] Chacon, 1981; Porto, 2002.
[10] Schwartzman, 2007; Leal, 2012; Faoro, 2001.
[11] G. Santos, 1979.
[12] A. Cardoso, 2010; M. Souza, 1983.
[13] Pochmann, 2021a.
[14] Desde 1916 o conceito de bioma vem sendo utilizado pela bibliografia especializada para se referir à comunidade biótica. Com o passar do tempo, terminou contemplando definições mais amplas, como a de província biogeográfica, entre outras, assim como o debate sobre suas determinações e implicações para a vida planetária. Ver mais em: Cox *et al.*, 1985; Begon, 1996; Pielou, 1979; Ab'Sáber, 2003.
[15] L. Coutinho, 2006.
[16] Pott & Estrela, 2017; Leff, 2006.
[17] Aronoff *et al.*, 2021; Sachs, 2008; Schneider, 2003.
[18] Giraud, 2015; Fassin, 2022; Werneck, 2022.
[19] CGEE, 2020; Ferreira & Salles, 2016.

REFERÊNCIAS BIBLIOGRÁFICAS

AB'SÁBER, A. *Os domínios de natureza no Brasil: potencialidades paisagísticas*. São Paulo, Ateliê Editorial, 2003.

ADDUCI, C. *A "pátria paulista": o separatismo como resposta à crise final do Império brasileiro*. São Paulo, PUC, 1996.

ADORNO, T. "Progresso". *Lua Nova*, n. 27, dez. 1992, pp. 217-236.

___. *Dialética negativa*. Rio de Janeiro, Zahar, 2009.

ALBIEZ-WIECK, S. *El que no tiene de inga, tiene de mandinga: honor y mestizaje en los mundos americanos*. Madrid, Iberoamericana Editorial Vervuert, 2020.

ALMEIDA, L. *Ideologia nacional e nacionalismo*. São Paulo, Educ, 1995.

ALONSO, A. "O abolicionista cosmopolita". *Novos Estudos Cebrap*, n. 88, 2010.

ANDERSON, B. *Imagined communities: reflections on the origin and spread of nationalism*. London, Verso, 1983.

ANDERSON, P. "Modernity and Revolution". *New Left Review*, n. I/144, mar.-abr. 1984, pp. 96-113.

___. "Jottings on the Conjuncture". *New Left Review*, n. 48, nov.-dez. 2007, pp. 5-37.

ANDRADE, M. *Elites regionais e a formação do Estado Imperial Brasileiro*. Rio de Janeiro, Arquivo Nacional, 2008.

ANSCHUETZ, K. "Room to Grow with Rooms to Spare: Agriculture and Big-Site Settlements in the Late Pre-Columbian Tewa Basin Pueblo Landscape". *The Kiva*, vol. 73, n. 2, dez. 2007, pp. 173-194.

ANTUNES, R. (org.). *Riqueza e miséria do trabalho*. São Paulo, Boitempo, 2014.

ARANTES, P. *A fratura brasileira do mundo*. São Paulo, Conrad, 2004.

___. *O novo tempo do mundo*. São Paulo, Boitempo, 2014.

ARDAO, A. *América Latina y la latinidad*. México, Unam, 1993.

ARENDT, H. *O sistema totalitário*. Lisboa, Dom Quixote, 1978.

ARMITAGE, J. *A História do Brasil*. Brasília, Editora Senado Federal, 2012.

REFERÊNCIAS BIBLIOGRÁFICAS

ARONOFF, K. et al. *Um planeta a conquistar: a urgência de um Green New Deal*. São Paulo, A. Literária, 2021.

ARRIGHI, G. *O longo século XX*. São Paulo, Editora Unesp, 1996.

ARRUDA, J. *Uma colônia entre dois impérios: a abertura dos portos brasileiros, 1800--1808*. São Paulo, Edusc, 2008.

ASSADOURIAN, C. et al. *Modos de producción en América Latina*. 3. ed. Buenos Aires, Cuadernos de Pasado y Presente, 1975.

AURELIANO, L. *No limiar da industrialização*. Campinas, Editora da Unicamp, 1999.

AZZI, R. *A crise da cristandade e o projeto liberal*. São Paulo, Edições Paulinas, 1991.

BANDEIRA, L. *A segunda Guerra Fria: geopolítica e dimensão estratégica dos Estados Unidos*. Rio de Janeiro, Civilização Brasileira, 2013.

BARBOSA, A. *A formação do mercado de trabalho no Brasil*. São Paulo, Alameda, 2008.

_____. "O mercado de trabalho: uma longa perspectiva de longa duração". *Estudos Avançados*, vol. 30, n. 87, 2016, pp. 7-28.

BAUDELAIRE, C. *Sobre a modernidade*. Rio de Janeiro, Paz e Terra, 1996.

BAUMAN, Z. *Modernidade líquida*. Rio de Janeiro, Zahar, 2001.

BEAUCLAIR, G. *A construção inacabada. A economia brasileira, 1828-1860*. Niterói, Vício de Leitura, 2001.

BECK, U. et al. *Modernização reflexiva: política, tradição e estética na ordem social moderna*. São Paulo, Editora Unesp, 1997.

BEGON, M. et al. (org.). *Ecology, individuals, populations and communities*. Oxford, Blackwell, 1996.

BENDIX, R. *Nation-building & citizenship: studies of our changing social order*. New Brunswick, Transaction, 1977.

BENJAMIN, W. *Obras escolhidas. Magia e técnica. Arte e política*, vol. 1. São Paulo, Brasiliense, 1994.

BEN-RAFAEL, E. & STEMBERG, Y. (ed.). *Comparing modernities: pluralism versus homogeneity*. Leiden, Brill, 2005.

BERMAN, M. *Tudo que é sólido desmancha no ar: a aventura da modernidade*. São Paulo, Companhia das Letras, 1986.

BETHELL, L. *História da América Latina*, vol. 1. São Paulo, Edusp, 2018.

BIANCHI, A. *Hegemonia em construção*. São Paulo, Xamã, 2001.

BLACK, J. *A história do mundo*. São Paulo, M.Books, 2020.

BONFIM, M. *O Brasil nação: realidade da soberania brasileira*. 2. ed. Rio de Janeiro, Topbooks, 1996.

BRAUDEL, F. *A dinâmica do capitalismo*. Rio de Janeiro, Rocco, 1987.

BRAUDEL, F. *Civilização material, economia e capitalismo, séculos XV-XVIII*. São Paulo, Martins Fontes, 1998.
CALDEIRA, J. *História da riqueza no Brasil*. Rio de Janeiro, GMT, 2017.
CALIXTRE, A. *A condição informal*. Campinas, IE-Unicamp, 2011.
CAMPOS, A. et al. *Os ricos no Brasil*. São Paulo, Cortez, 2004.
CANCLINI, N. *Culturas híbridas*. São Paulo, Edusp, 2000.
CANDIDO, A. *Formação da literatura brasileira*. Rio de Janeiro, Ouro Sobre Azul, 2014.
CANO, W. *Raízes da concentração industrial em São Paulo*. São Paulo, Tao, 1977.
____. *Raízes da concentração industrial em São Paulo*. Campinas, Editora da Unicamp, 1998.
CARDOSO, A. *Trabalhar, verbo transitivo*. Rio de Janeiro, FGV, 2000.
____. *A construção da sociedade do trabalho no Brasil: uma investigação sobre a persistência secular das desigualdades*. Rio de Janeiro, Editora FGV/Faperj, 2010.
CARDOSO, C. *A Afro-América: a escravidão no novo mundo*. São Paulo, Brasiliense, 1982.
CARDOSO, F. *Empresário industrial e desenvolvimento econômico*. São Paulo, Difel, 1964.
CARONE, E. *O centro industrial do Rio de Janeiro e sua importante participação na economia nacional (1827-1977)*. Rio de Janeiro, Cátedra, 1978.
CARVALHO, J. *A formação das almas: o imaginário da República no Brasil*. São Paulo, Companhia das Letras, 1990.
____. *A construção da ordem: a elite política imperial*. 2. ed. Rio de Janeiro, Civilização Brasileira, 2006.
CASTELLS, M. *A sociedade em rede – a era da informação: economia, sociedade e cultura*, vol. I. São Paulo, Paz e Terra, 1999.
CATTON, B. *The Civil War*. New York, American Heritage, 1960.
CGEE. "Oportunidades e desafios da bioeconomia". *Relatório ODBio Integrado*. Brasília, Centro de Gestão e Estudos Estratégicos, 2020.
CHACON, W. *História dos partidos brasileiros*. Brasília, Editora UnB, 1981.
CHALHOUB, S. *Visões da liberdade. Uma história das últimas décadas da escravidão na Corte*. São Paulo, Companhia das Letras, 1990.
CHAUI, M. *Brasil: mito fundador e sociedade autoritária*. São Paulo, FPA, 2000.
CLASTRES, P. "Éléments de démographie amérindienne". *L'homme. Revue Française d'Anthropologie*, vol. 13, n. 1-2. Paris, 1973, pp. 23-36.
CODATO, A. "Intervenção estatal, centralização política e reforma burocrática". *Revista do Serviço Público*, vol. 62, n. 3, 2011, pp. 321-339.

REFERÊNCIAS BIBLIOGRÁFICAS

COSTA, E. *Da monarquia à república: momentos decisivos*. 6. ed. São Paulo, Editora Unesp, 1999.

COUTINHO, J. *As ideias conservadoras explicadas a revolucionários e a reacionários*. São Paulo, Três Estrelas, 2013.

COUTINHO, L. "O conceito de bioma". *Acta bot. Bras.*, vol. 20, n. 1, 2006, pp. 13-23.

COX, A. *et al.* "Relative Motions Between Oceanic and Continental Plates in the Pacific Basin". *Geological Society of America*, vol. 206, 1985, pp. 76-98.

CUNHA, M. (org.). *História dos índios no Brasil*. São Paulo, Companhia das Letras, 1992.

DANTAS, M. *A lógica do capital-informação: a fragmentação dos monopólios e a monopolização dos fragmentos num mundo de comunicações globais*. 2. ed. Rio de Janeiro, Contraponto, 2002.

DEAN, W. *A industrialização de São Paulo*. São Paulo, Difel, 1979.

DENEVAN, W. *The native population of the Americas in 1492*. Maddison, UWP, 1976.

DIAMOND, J. *Armas, germes e aço*. Rio de Janeiro, Record, 2001.

____. *Colapso*. 2. ed. Rio de Janeiro, Record, 2005.

DONAGHY, A. *The Second Cold War*. Cambridge, CUP, 2021.

DOWBOR, L. *A formação do capitalismo dependente no Brasil*. São Paulo, Brasiliense, 1982.

DRAIBE, S. *Rumos e metamorfoses*. Rio de Janeiro, Paz e Terra, 1985.

DUSSEl, H. *1492 – o encobrimento do outro: a origem do mito da modernidade*. Petrópolis, Vozes, 1993.

ESCUDÉ, C. *El realismo periférico*. Buenos Aires, Planeta, 1992.

FAORO, R. *Existe um pensamento político brasileiro?*. São Paulo, Ática, 1994.

____. *Os donos do poder. Formação do patronato político brasileiro*. 3. ed. Porto Alegre, Globo, 2001.

FASSIN, D. *Punir: uma paixão contemporânea*. Belo Horizonte, Âyiné, 2022.

FAUSTO, B. *A Revolução de 1930*. São Paulo, Brasiliense, 1972.

____. *Crime e cotidiano*. São Paulo, Brasiliense, 1984.

FERNANDES, F. *A revolução burguesa no Brasil*. Rio de Janeiro, Zahar Editores, 1975.

____. *Circuito fechado: quatro ensaios sobre o "poder institucional"*. 2. ed. São Paulo, Hucitec, 1979.

FERREIRA, M. & SALLES, A. "Política ambiental brasileira: análise histórico--institucionalista das principais abordagens estratégicas". *Revista de Economia*, vol. 43, n. 2, 2016, pp. 1-17.

FERREIRA, S. *Ideias políticas: cartas sobre a revolução do Brasil; memórias políticas sobre os abusos gerais; manual do cidadão em um governo representativo*. Rio de Janeiro, Documentário, 1976.

FONSECA, P. "Gênese e precursores do desenvolvimentismo no Brasil". *Revista Pesquisa & Debate do Programa de Estudos Pós-Graduados em Economia Política*, vol. 15, n. 2(26). São Paulo, DE-PUC, 2004, pp. 225-256.

FOUCAULT, M. *Em defesa da sociedade*. São Paulo, Martins Fontes, 2002.

FRAGOSO, J. *Homens de grossa aventura: acumulação e hierarquia na praça mercantil do Rio de Janeiro (1790-1830)*. Rio de Janeiro, Arquivo Nacional, 1992.

FRANCHETTO, B. & HECKENBERGER, M. (org.). *Os povos do Alto Xingu – história e cultura*. Rio de Janeiro, Editora UFRJ, 2001.

FRANCO, M. *Homens livres na ordem escravocrata*. São Paulo, Editora Unesp, 1997.

FRANCOPAN, P. *O coração do mundo*. São Paulo, Crítica, 2019.

FRANK, A. *Re-orientar: La economía global en la era del predominio asiático*. Valencia, Publicacions de la Universitat de Valencia, 2008.

FRASER, N. *O velho está morrendo e o novo não pode nascer*. São Paulo, Autonomia Literária, 2019.

FREYRE, G. *Casa-grande & senzala. Formação da família brasileira sob o regime de economia patriarcal*. 21. ed. Rio de Janeiro, Record, 1997.

FUNES, P. *Salvar la Nación: intelectuales, cultura y política en los años veinte latino-americanos*. Buenos Aires, Prometeo Libros, 2006.

FURTADO, C. *A pré-revolução brasileira*. Rio de Janeiro, Fundo de Cultura, 1962.

____. *Formação econômica do Brasil*. 15. ed. São Paulo, Companhia Editora Nacional, 1977.

____. *A economia latino-americana*. São Paulo, Companhia das Letras, 2007.

GALDINO, L. *A astronomia indígena*. São Paulo, Nova Alexandria, 2011.

GALEANO, E. *As veias abertas da América Latina*. Porto Alegre, L&PM Editores, 2010.

GENOVESE, E. *A terra prometida: o mundo que os escravos criaram*. Rio de Janeiro, Paz e Terra, 1988.

GIDDENS, A. *As consequências da modernidade*. São Paulo, Editora Unesp, 1991.

GIORDANI, M. *História da América pré-colombiana*. Petrópolis, Vozes, 1991.

GIRAUD, M. "Mixité, contrôle social et gentrification". *La vie des idées*, 2015, pp. 2-8.

GORENDER, J. *O escravismo colonial*. 5. ed. São Paulo, Ática, 1988.

GUERRA, A. et al. *Proprietários: concentração e continuidade*. São Paulo, Cortez, 2009.

GUIMARÃES, N. "The 'Brazilianization' of the Western World". *Revue Tiers Monde*, vol. 189, n. 1, 2007, pp. 155-174.

GUNSENHEIMER, A. et al. (ed.). *El otro héroe: estudios sobre la producción social de memoria al margen del discurso oficial en América Latina*. Bonn, BUP, 2021.

HABERMAS, J. *O discurso filosófico da modernidade*. São Paulo, Martins Fontes, 2000.

HALLIDAY, F. *The Making of the Second Cold War*. London, Verso, 1987.

HARTOG, F. *Crer em história*. Belo Horizonte, Autêntica, 2017.

HARVEY, D. *Condição pós-moderna*. São Paulo, Loyola, 1993.

REFERÊNCIAS BIBLIOGRÁFICAS

HECKENBERGER, M. *The ecology of power*. Oxford, Routledge, 2004.

HEGEL, G. *Filosofia da história*. Brasília, Editora UnB, 1999.

_____. *Filosofia de la historia universal*. Buenos Aires, Losada Editorial, 2011.

HEMMING, J. *Red Gold*. London, Macmillan, 1978.

HENRIQUE, W. *O capitalismo selvagem*. Campinas, IE-Unicamp, 1999.

HOBBES, T. *Leviatã: matéria, forma e poder de um Estado eclesiástico e civil*. São Paulo, Nova Cultural, 2000.

HOBSBAWM, E. *A era do capital*. São Paulo, Paz e Terra, 2012.

HOCHULI, A. "The Brazilianization of the World". *American Affairs*, vol. V, n. 2, 2021, pp. 93-115.

HOGAN, M. *The Marshall Plan: America, Britain and the reconstruction of Western Europe, 1947-1952*. Cambridge, CUP, 1995.

HOLANDA, S. *Raízes do Brasil*. 26. ed. São Paulo, Companhia das Letras, 1995.

_____. *Caminhos e fronteiras*. 3. ed. São Paulo, Schwarcz, 2005.

HOLANDA, S. (org.). *História geral da civilização brasileira*, vol. 6. Rio de Janeiro, Bertrand, 2004.

HORKHEIMER, M. & ADORNO, T. *Dialética do esclarecimento*. Rio de Janeiro, Zahar, 1985.

HUNTINGTON, S. "The change to change: modernization, development, and politics". *Comparative politics*, vol. 3, n. 3, 1971, pp. 283-322.

IANNI, O. *O ciclo da revolução burguesa*. Petrópolis, Vozes, 1985.

_____. *A ideia de Brasil moderno*. São Paulo, Brasiliense, 1992.

INGLEHART, R. & WELZEL, C. *Modernization, cultural change, and democracy: the human development sequence*. Cambridge, CUP, 2005.

JANCSÓ, I. (org.). *Brasil: formação do Estado e da Nação*. São Paulo, Hucitec, 2003.

KAYSEL, A. *Dois encontros entre o marxismo e a América Latina*. Dissertação de mestrado. São Paulo, FFLCH-USP, 2010.

KEAY, J. *A rota das especiarias*. Lisboa, Casa das Letras, 2007.

KEHL, L. *Breve história das favelas*. 6. ed. São Paulo, Claridade, 2010.

KENNAN, G. *A Rússia e o Ocidente*. Rio de Janeiro, Forense, 1969.

KOPENAWA, D. & ALBERT, B. *A queda do céu*. Rio de Janeiro, Companhia das Letras, 2015.

KOSELLECK, R. *Futuro passado: contribuição à semântica dos tempos históricos*. Rio de Janeiro, Contraponto, 2006.

KRENAK, A. *Ideias para adiar o fim do mundo*. Rio de Janeiro, Companhia das Letras, 2020.

KURTZ, R. *O colapso da modernização*. Rio de Janeiro, Paz e Terra, 1992.

LAFEBER, W. *America, Russia and the Cold War (1945-1996)*. New York, McGraw-Hill, 1997.

LASCH, C. *A cultura do narcisismo*. Rio de Janeiro, Imago, 1983.

_____. *The trust and only heaven: progress and its critics*. London, Norton, 1991.

LATOUCHE, S. *Le pari de la décroissance*. Paris, Fayard, 2006.

LEAL, V. *Coronelismo, enxada e voto*. São Paulo, Companhia das Letras, 2012.

LEFF, E. *Racionalidade ambiental: a reapropriação social da natureza*. Rio de Janeiro, Civilização Brasileira, 2006.

LEME, M. *A ideologia dos industriais brasileiros*. Petrópolis, Vozes, 1978.

LESSA, C. & DAIN, S. "Capitalismo associado: algumas referências para o tema Estado e desenvolvimento". *In*: BELLUZZO, L. & COUTINHO, R. (org.). *Desenvolvimento capitalista no Brasil*, vol. 1. Campinas, IE-Unicamp, 1998.

LESSA, R. *A invenção republicana*. Rio de Janeiro, Top Books, 1990.

LÉVI-STRAUSS, C. *Antropologia estrutural dois*. 2. ed. Rio de Janeiro, Tempo Brasileiro, 1987.

LÉVY, P. *Cibercultura*. 7. ed. São Paulo, Editora 34, 1999.

LIMA, H. *Industrialistas brasileiros: Mauá, Rui Barbosa, Simonsen*. São Paulo, Alfa Omega, 1976.

_____. "Sob o domínio da precariedade: escravidão e os significados da liberdade de trabalho no século XIX". *Topoi*, vol. 6, n. 11, 2005, pp. 289-326.

LISBOA, J. *História dos sucessos políticos do Império do Brasil*, 3 vols. Rio de Janeiro, Typografia Imperial e Nacional, 1829.

LOPES, R. *1499: o Brasil antes de Cabral*. Rio de Janeiro, Harper Collins, 2017.

LÖWY, M. *O marxismo na América Latina*. São Paulo, FPA, 1999.

LUZ, N. *A luta pela industrialização no Brasil*. São Paulo, Alfa Omega, 1975.

MACDONALD, P. & PARENT, J. *Twilight of the Titans: Great Power Decline and Retrenchment*. New York, CUP, 2018.

MACHADO, M. *O plano e o pânico: os movimentos sociais na década da abolição*. Rio de Janeiro/São Paulo, UFRJ/Edusp, 1994.

MACKINDER, H. "Round World and the Winning of Peace". *Foreign Affairs; American Quarterly Review*, vol. 21, n. 1-4, 1943.

MANN, C. *1491 – novas revelações das Américas antes de Colombo?*. Rio de Janeiro, Objetiva, 2007.

_____. *1493 – como o intercâmbio entre o novo e o velho mundo moldou os dias de hoje*. Campinas, Verus, 2012.

MARIÁTEGUI, J. *Siete ensayos de interpretación de la realidad*. Caracas, Bibilioteca Ayacucho, 2008.

MARQUES, A. *Breve história de Portugal*. Lisboa, Presença, 1995.

MARQUESE, R. "As desventuras de um conceito: capitalismo histórico e a historiografia sobre a escravidão brasileira". *Revista de História*, vol. 169. São Paulo, USP, jul.-dez. 2013, pp. 223-253.

MARSON, I. & OLIVEIRA, C. (org.). *Monarquia, liberalismo e negócios no Brasil.* São Paulo, Edusp, 2013.

MARTINS, J. *O cativeiro da terra.* 9. ed. São Paulo, Contexto, 2010.

MARTYANOV, A. *Disintegration: Indicators of the Coming American Collapse.* Atlanta, Clarity Press, 2021.

MATOS, H. *Nossa história: 500 anos de presença da Igreja católica no Brasil: período imperial e transição republicana.* São Paulo, Paulinas, 2002.

MATTOS, L. & GONÇALVES, M. *O império da boa sociedade: a consolidação do Estado imperial brasileiro.* 7. ed. São Paulo, Atual, 1991.

MAZZEO, A. *Estado e burguesia no Brasil.* São Paulo, Cortez, 1997.

MCCAMN, F. *Soldiers of the pátria. A history of the Brazilian Army, 1889-1937.* Stanford, SUP, 2004.

MEDEIROS, L. *História dos movimentos sociais no campo.* Rio de Janeiro, Fase, 1989.

MELIÀ, B. *El Guaraní. Conquistado y reducido.* Asunción, Ceaduc, 1986.

MELLO, J. *O capitalismo tardio.* São Paulo, Brasiliense, 1987.

MELLO, J. & NOVAIS, F. *Capitalismo tardio e sociabilidade moderna.* São Paulo, Editora Unesp, 2009.

MENZIES, G. *1421: o ano em que a China descobriu o mundo.* 11. ed. Rio de Janeiro, Bertrand Brasil, 2006.

MICELI, P. *O projeto industrialista em São Paulo (1928-1948).* São Paulo, Senai, 1992.

MIRA CABALLOS, E. *Conquista y destrucción de las Indias.* Teruel, Muñoz Moya Editores, 2009.

MIX, M. *América imaginaria.* México, Lumen, 1992.

MONTESINOS, N. *Haya de la Torre o la política como misión civilizadora.* México, Fondo de Cultura Económica, 2000.

MORAES, E. *A campanha abolicionista.* Brasília, Editora UnB, 1986.

NEVES, E. *Arqueologia da Amazônia.* Rio de Janeiro, Companhia das Letras, 2006.

NOVAIS, F. A. *Portugal e Brasil na crise do antigo sistema colonial (1777-1808).* São Paulo, Hucitec, 1979.

OGOT, B. *História geral da África.* Brasília, Unesco, 2010.

OLIVEIRA, C. *O processo de industrialização: do capitalismo originário ao atrasado.* Campinas, IE-Unicamp, 1985.

OLIVEIRA, D. *Geografia do Brasil.* São Paulo, Líder, 1998.

OLIVEIRA, F. *Economia brasileira: crítica à razão dualista.* São Paulo, Cebrap, 1972.

____. *Crítica à razão dualista/O ornitorrinco.* São Paulo, Boitempo, 2003.

ORTIZ, R. *A moderna tradição brasileira: cultura brasileira e indústria cultural.* São Paulo, Brasiliense, 1988.

PAULA, J. *O capitalismo no Brasil.* Rio de Janeiro, Kotter, 2021.

PEREIRA, N. *Conflitos entre a Igreja e o Estado no Brasil*. Recife, Massangana, 1982.

PIELOU, E. *Biogeography*. New Jersey, John Wiley & Sons, 1979.

PINTO, A. "Naturaleza y implicaciones de la 'heterogeneidad estructural' de la América Latina". *El Trimestre Económico*, vol. 37, n. 145(1), 1970, pp. 83-100.

POCHMANN, M. *Desenvolvimento e perspectivas novas para o Brasil*. São Paulo, Cortez, 2010.

_____. *A vez dos intocáveis no Brasil*. São Paulo, FPA, 2014.

_____. *Brasil sem industrialização: a herança renunciada*. Ponta Grossa, Editora UEPG, 2016.

_____. *7 ensaios sobre a recente reconfiguração do trabalho no Brasil: especificidades nacionais da transição da sociedade urbana industrial para a de serviços*. Moldova, N. E. Acadêmicas, 2021a.

_____. *A grande desistência histórica e o fim da sociedade industrial*. São Paulo, Ideias & Letras, 2021b.

_____. *O neocolonialismo à espreita: mudanças estruturais na sociedade brasileira*. São Paulo, Sesc, 2022.

POLANYI, K. *A grande transformação*. 2. ed. Rio de Janeiro, Campus, 2000.

PORTO, W. *O voto no Brasil*. 2. ed. Rio de Janeiro, Topbooks, 2002.

POTT, C. & ESTRELA, C. "Histórico ambiental: desastres ambientais e o despertar de um novo pensamento". *Estudos Avançados*, vol. 31, n. 89, 2017, pp. 271-283.

PRADO JR., C. *A revolução brasileira*. São Paulo, Brasiliense, 1966.

_____. *Formação do Brasil contemporâneo*. 21. ed. São Paulo, Brasiliense, 2008.

PRADO, E. *A ilusão americana*. Brasília, Senado Federal, 2010.

PREBISCH, R. "O desenvolvimento econômico da América Latina e seus principais problemas". *Revista Brasileira de Economia*, vol. 3, n. 3, 1949, pp. 47-111.

PRESCOTT, W. *Historia de la conquista de México*. Madrid, A. M. Libros, 2003.

QUADROS, W. *A profundidade da crise social*. Campinas, IE-Unicamp, 2019.

QUIJANO, A. *Modernidad, identidad y utopía en América Latina*. Lima, Ediciones Sociedad y Política, 1988.

_____. "América Latina en la economía mundial". *Problemas del desarrollo*, vol. XXIV, n. 95, out.-dez., 1993.

QUIJANO, A. (org.). *Textos básicos*. México, Fondo de Cultura Económica, 1991.

QUIJANO, A. & WALLERSTEIN, I. "Americanity as a concept or the Americas in the modern world-system". *International Social Science Journal*, n. 134, nov. 1992.

RAHMEIER, A. *Relações diplomáticas e militares entre a Alemanha e o Brasil: da proximidade ao rompimento (1937-1942)*. Porto Alegre, PUC, 2009.

RIBEIRO, D. *O povo brasileiro: a formação e o sentido do Brasil*. São Paulo, Companhia das Letras, 1995.

REFERÊNCIAS BIBLIOGRÁFICAS

RINKE, S. *História da América Latina*. Porto Alegre, PUC, 2012.

RODRIGUEZ, O. *Teoria do subdesenvolvimento da Cepal*. São Paulo, Forense Universitária, 1981.

ROSECRANCE, R. *The Rise of the Trading State*. New York, Basic Books, 1987.

RUSEN, J. *História viva. Teoria da História III: formas e funções do conhecimento histórico*. Brasília, Editora UnB, 2007.

SACHS, I. *Desenvolvimento: includente, sustentável, sustentado*. Rio de Janeiro, Garamond, 2008.

SAES, D. *A formação do Estado burguês no Brasil*. Rio de Janeiro, Paz e Terra, 1985.

SALES, A. *A pátria paulista*. Brasília/Campinas, UnB/Gazeta de Campinas, 1983.

SAMPAIO JR., P. *Entre a nação e a barbárie*. Petrópolis, Vozes, 2008.

SANTOS, G. *Cidadania e justiça: a política social na ordem brasileira*. Rio de Janeiro, Campus, 1979.

SANTOS, T. *Teoria da dependência: balanço e perspectivas*. Rio de Janeiro, Civilização Brasileira, 2000.

SANTOS, W. *Ordem burguesa e liberalismo político*. São Paulo, Duas Cidades, 1978.

SCHILLER, D. *A globalização e as novas tecnologias*. Lisboa, Presença, 2002.

SCHNEIDER, S. *A pluriatividade na agricultura familiar*. Porto Alegre, Editora da UFRGS, 2003.

SCHWARTZ, S. *Escravos, roceiros e rebeldes*. Bauru, Edusc, 2001.

SCHWARTZMAN, S. *Bases do autoritarismo brasileiro*. 4. ed. Rio de Janeiro, P. S. Editoriais, 2007.

SILVA, S. *Expansão cafeeira e origens da indústria no Brasil*. São Paulo, Alfa Omega, 1986.

SODRÉ, N. *Formação histórica do Brasil*. São Paulo, Brasiliense, 1980.

SOREL, G. *Les illusions du progrès*. Paris, Ressources, 1981.

SOUZA, L. *Desclassificados do ouro*. Rio de Janeiro, Graal, 1986.

SOUZA, M. *Estado e partidos políticos no Brasil*. 2. ed. São Paulo, Alfa Omega, 1983.

STONE, A. (ed.). *Heart of Creation*. Alabama, UBP, 2015.

STREECK, W. *Tempo comprado: a crise adiada do capitalismo democrático*. Lisboa, CA Editora, 2013.

_____. *Tempo comprado: a crise adiada do capitalismo democrático*. São Paulo, Boitempo, 2018.

TAVARES, M. *Da substituição de importações ao capitalismo financeiro: ensaios sobre economia brasileira*. Rio de Janeiro, Zahar, 1975.

_____. *Problemas de industrialización avanzada en capitalismos tardios y periféricos*. Rio de Janeiro, IEI-UFRJ, 1986.

THOMPSON, E. *Costumes em comum: estudos sobre a cultura popular tradicional*. São Paulo, Companhia das Letras, 1998.

TILLY, C. "Guerra y construcción del Estado como crimen organizado". *Revista Académica de Relaciones Internacionales*, n. 5. Madrid, UAM, nov. 2006.

TOMICH, D. *Pelo prisma da escravidão: trabalho, capital e economia mundial*. São Paulo, Edusp, 2011.

VIANNA, F. *Instituições políticas brasileiras*. Brasília, Senado Federal, 1991.

VIEIRA, E. *Estado e miséria social no Brasil: de Getúlio a Geisel*. São Paulo, Cortez, 1983.

VIOTTI DA COSTA, E. *Da senzala à colônia*. São Paulo, Livraria e Editora Ciências Humanas Ltda., 1982.

____. *Da monarquia à república – momentos decisivos*. 6. ed. São Paulo, Brasiliense, 1994.

WALLERSTEIN, I. *O sistema mundial moderno*, vols. I e II. Porto, Afrontamentos, 1974.

____. *Capitalismo histórico e civilização capitalista*. Rio de Janeiro, Contraponto, 2001.

WERNECK, G. "A pandemia de Covid-19: desafios na avaliação do impacto de problemas complexos e multidimensionais na saúde de populações". *Cad. Saúde Pública*, vol. 38, n. 4, 2022.

WESTAD, O. *The Cold War: A World History*. New York, Basic Books, 2017.

YOUNG, R. *Colonial Desire. Hybridity in Theory, Culture and Race*. London, Routledge, 1995.

ŽIŽEK, S. *Vivendo no fim dos tempos*. São Paulo, Boitempo, 2012.

Título	Novos horizontes do Brasil na quarta transformação estrutural
Autor	Marcio Pochmann
Coordenador editorial	Ricardo Lima
Secretário gráfico	Ednilson Tristão
Preparação dos originais	Lúcia Helena Lahoz Morelli
Revisão	Laís Souza Toledo Pereira
Editoração eletrônica	José Severino Ribeiro
Design de capa	Estúdio Bogari
Formato	16 x 23 cm
Papel	Pólen soft 80 g/m² – miolo Cartão supremo 250 g/m² – capa
Tipologia	Minion Pro
Número de páginas	168

ESTA OBRA FOI IMPRESSA NA GRÁFICA EME
PARA A EDITORA DA UNICAMP EM NOVEMBRO DE 2022.